Heidi Fuchs

Durchhalten, auch wenn es schwer fällt

Heidi Fuchs

Durchhalten, auch wenn es schwer fällt

Ermutigende Predigten

Fromm Verlag

Impressum / Imprint
Bibliografische Information der Deutschen Nationalbibliothek: Die Deutsche Nationalbibliothek verzeichnet diese Publikation in der Deutschen Nationalbibliografie; detaillierte bibliografische Daten sind im Internet über http://dnb.d-nb.de abrufbar.

Bibliographic information published by the Deutsche Nationalbibliothek: The Deutsche Nationalbibliothek lists this publication in the Deutsche Nationalbibliografie; detailed bibliographic data are available in the Internet at http://dnb.d-nb.de.

Coverbild / Cover image: www.ingimage.com

Verlag / Publisher:
Fromm Verlag
ist ein Imprint der / is a trademark of
OmniScriptum GmbH & Co. KG
Heinrich-Böcking-Str. 6-8, 66121 Saarbrücken, Deutschland / Germany
Email: info@frommverlag.de

Herstellung: siehe letzte Seite /
Printed at: see last page
ISBN: 978-3-8416-0518-4

Inhaltsverzeichnis

Wie groß muss mein Glaube sein? – Lk 17,5-6 08.09.2013

Geschichte

„Puh, was war das für eine anstrengende Nacht! Die ganze Nacht habe ich im Krankenhaus um das Leben gekämpft. Und jetzt ist die Mutter doch bei der Geburt gestorben. Ob wir den winzigen Jungen, ein Frühchen, durchbringen? Und dann noch das zweijährige weinende Mädchen!?......

Mit diesem Erleben und diesen bangen Fragen stand die englische Missionsärztin Dr. Helen Roseveare traurig und hilflos da. Sie weiß: Den winzig kleinen Jungen am Leben zu erhalten ist im Kongo, ein Land in Afrika, schwierig. Denn am Äquator wird es in der Nacht immer recht kühl und es gibt in Afrika kein Wärmebettchen. Schnell holt jemand eine Kiste mit Baumwollwatte drin. Jemand anderes macht ein Feuer, um warmes Wasser für eine Wärmeflasche zu bekommen. Aber kurze Zeit später kommt die Hebammenschülerin aufgebracht zurück: Die Bettflasche ist beim Füllen kaputt gegangen. Und das war unsere letzte Bettflasche! Gummi wird in den Tropen schnell spröde. Was jetzt?

„Okay", sagt die Ärztin, „du hast jetzt die Aufgabe, das Kind warm zu halten. Stell die Kiste so nah wie möglich ans Feuer und leg dich zwischen das Kind und die Tür, um es vor Zugluft zu schützen!"

Am Mittag hält Helen Roseveare wie jede Woche Kinderstunde im Waisenhaus. Wie immer, die Kinder wollen beten. Die haben ein richtiges Verlangen nach Beten. Die Missionsärztin nennt ihnen verschiedene Gebetsanliegen und erzählt dabei auch von dem Neugeborenen und dem weinenden zweijährigen Schwesterchen, die jetzt keine Mutter mehr haben. Einer nach dem andern betet.

Wie die 10-jährige Ruth aber betet, das wird die Missionsärztin nie vergessen. Ruth betet:

„Bitte, lieber Gott, schicke uns eine Bettflasche. Wir brauchen sie aber heute. Morgen würde sie uns nichts mehr nützen. Also schicke sie gleich heute Nachmittag. Und, lieber Gott, wo du dabei bist, würdest du bitte auch gleich eine Puppe für das kleine Mädchen mitschicken, damit sie begreift, dass du sie wirklich lieb hast!?“

Helen Roseveare weiß nicht, was sie sagen soll. Sie weiß schon, dass Gott alles kann. Aber es gibt doch Grenzen, oder nicht? Schon vier Jahre war sie in Afrika und noch nie hat sie ein einziges Paket von zuhause erhalten. Und sollte mir jemand ein Paket schicken, würde keiner auch nur im Traum daran denken, eine Wasserflasche beizulegen, nachdem ich ja in Afrika wohne, geschweige denn eine Puppe. So sagt es ihr Verstand.

Am späten Nachmittag, als sie gerade die Schwesternschülerinnen unterrichtet, bekommt sie die Nachricht, eine große Kiste läge auf der Veranda vor ihrer Wohnung. Als sie nach dem Unterricht das große Paket sieht, kommen ihr schon die Tränen und sie ruft die 30 Kinder von der Kinderstunde zusammen. Alle schauen gespannt zu, wie Helen Roseveare die Schnüre löst und das Paket öffnet. Zuerst kommen Strickjacken zum Vorschein, dann Binden für die Leprakranken; weiter unten eine Schachtel mit Rosinen und dann.... Konnte es sein?

Eine nagelneue Bettflasche aus Gummi. Die Ärztin weinte. Sie hatte Gott nicht darum gebeten. Das waren die Kinder. Sie hat auch nicht wirklich geglaubt, dass Gott sich so konkret bitten lässt, für Dinge wie eine Wärmflasche oder eine Puppe; dazuhin noch termingerecht. Während sie beschämt ihren Gedanken freien Lauf lässt, drängt sich Ruth vor und ruft laut: „Wenn Gott die Wärmflasche geschickt hat, dann muss er auch die Puppe mitgeschickt haben.“ Sie durchwühlt die Kiste bis sie ganz unten ankommt und eine wunderschön angezogene Puppe hervorzieht. Sie hat nie daran gezweifelt, dass Gott alles kann.

„Darf ich mit dir zusammen diese Puppe dem kleinen Mädchen geben, damit es erfährt, dass Jesus sie wirklich lieb hat?!" „Na klar, das machen wir gleich!"

Liebe Kinder, warum habe ich Euch heute diese Geschichte erzählt?
Zum einen: In Sachen Glauben, Beten, Vertrauen könnt ihr Kinder uns Erwachsenen immer wieder Vorbild sein. Und dann freilich, das gilt für uns alle: Es gibt Situationen, da gibt es Probleme. Da kommen wir in Nöte und Sorgen. Was dann? Die Geschichte will uns ermutigen,
a)uns betend an Gott zu wenden
b)ganz konkret und direkt zu bitten und damit zu rechnen, dass Gott viel größer ist als jedes Problem. Er kann helfen – auch dann, wenn wir uns dies gar nicht vorstellen können. Gott hat viel mehr Möglichkeiten als wir denken.

Das Paket war schon mehr als fünf Monate unterwegs nach Afrika. Kinderkirchkinder hatten es gepackt. Ihre Mitarbeiter waren einer inneren Stimme gefolgt, eine Bettflasche beizugeben und diese an den Äquator zu schicken. Und eines der Mädchen hatte eine Puppe hineingelegt als Gebetserhörung auf das Gebet einer Zehnjährigen, ihr Gebet noch am selben Tag zu erhören; ein Gebet, das erst fünf Monate später ausgesprochen werden sollte. Die Missionsärztin hat ihren Bericht beendet mit dem Bibelwort aus Jesaja 65:
„Es soll geschehen: Ehe sie rufen, will ich antworten; wenn sie noch reden, will ich hören."

Liebe Gemeinde,
ich habe ein Foto mitgebracht. Zu sehen ist ein Volleyball, ein Tischtennisball und ein kleines Samenkorn. Frage: Womit würdest Du Deinen

Glauben vergleichen? Genauer: Für wie groß hältst Du Deinen Glauben? Für so groß wie ein Tischtennisball? Für so groß wie ein Volleyball? Oder für so groß wie ein kleines Körnchen?.........Behalten wir unsere Antwort im Hinterkopf und hören wir auf den Predigttext aus LK 17,5-6:

„5 Und die Apostel sprachen zu dem Herrn: Mehre uns den Glauben!
6 Der Herr aber sprach: Wenn ihr Glauben habt wie ein Senfkorn und sagt zu diesem Maulbeerbaum: Reiß dich aus und versetze dich ins Meer! So wird er euch gehorsam sein."

Das erste, was mir auffällt, macht mich ganz bescheiden. Wenn ich denke, was wir so alles für Wünsche haben und was uns wichtig ist:
Gesundheit, ein guter Arbeitsplatz, gute Noten, coole Lehrer, mehr Sicherheit, eine stabile Währung, für unsere Kinder eine Zukunft; und auch für uns als Gemeinde haben wir Wünsche:
Mehr Ausstrahlung nach außen, mehr Wir-Gefühl, zwei weitere Kindergottesdienstmitarbeiter, eine unvergessliche Konfirmandenfreizeit, eine hohe Wahlbeteiligung bei der Kirchenwahl, mehr Verbindlichkeit......
Alles ist wichtig. Bei den Jüngern steht die Bitte vorne an:
„Mehre uns den Glauben!" Und indem Jesus ihnen antwortet bestätigt er, dass genau hier der springende Punkt allen Christseins ist: Unser Glaube! Was nützen uns schöne Kirchen, Gemeindeveranstaltungen, Gottesdienste, Zahlen, wenn es nicht um Glauben geht; um Glauben wie Jesus Christus ihn meint?
Dass Glauben mehr ist als Wissen und Fürwahrhalten, das haben die Jünger bei Jesus Tag für Tag erlebt. Sie haben miterlebt, welche Kraft im Glauben steckt. Sie sahen, wie Kranke geheilt und Tote zum Leben erweckt wurden. Sie durften selbst Kranke heilen und haben erlebt, dass nicht jeder geheilt wurde. Und, was Jesus gepredigt hat, das war

teilweise sehr herausfordernd: „Wer seine Hand an den Pflug legt und schaut zurück, der ist nicht geschickt zum Reich Gottes!“ oder „Wer mir nachfolgen will, der nehme sein Kreuz auf sich und folge mir nach!“ Und als Jesus ihnen ganz konkret sagt: „Wenn jemand an dir schuldig wird, dich beleidigt, dich enttäuscht oder gar verletzt, dem vergib, so oft wie nötig!“, da haben die Jünger gemerkt: Trotz ihres Glaubens, da läuft nicht alles rund. Sie zweifeln, ob ihr Glaube ausreicht, ob er groß genug ist? Darum bitten sie: „Herr, mehre uns den Glauben!“ Gib uns mehr Glaubenskraft und Glaubensvollmacht!

Ich merke, liebe Gemeinde, hier kommen mir die Jünger sehr nahe. Vermutlich haben vorhin nur wenige ihren Glauben mit dem Volleyball verglichen. Und dies erst recht, wenn wir an den Glauben der 10-jährigen Ruth denken. Die Glaubensfrage ist wichtig. Die Antwort Jesu ist überraschend: *„Wenn ihr Glauben hättet wie ein Senfkorn, dann….“*

Jesus will damit sagen: Es kommt nicht auf die Größe oder das Maß des Glaubens an, sondern auf das eigentliche Wesen des Glaubens. Der Volleyball muss aufgeschlagen, gespielt und gebaggert werden, sonst läuft mit ihm nichts. Der Tischtennisball muss geschmettert werden.

Aber im klitzekleinen Senfkorn steckt etwas drin, was weder Volleyball noch Tischtennisball zu bieten haben: Eine große Kraft, Energie, Wachstum, Veränderung.

Im mittleren Glasfenster unseres Chorraumes hat der Künstler dargestellt, was aus einem klitzekleinen Senfkorn werden kann: ein großer Baum, unter dem die Vögel nisten und Menschen sich im Schatten ausruhen können.

Gemessen an Alter und Erfahrung war der Glaube der 10-jährigen Ruth nicht groß. Da hätte so mancher von uns mehr zu bieten. Aber sie wusste um einen großen Gott und um seine grenzenlosen Möglichkeiten.

Sie wusste nicht nur davon. In diesen Gott hat sie ihr ganzes Vertrauen gesetzt. Sprich, wenn sie um Regen bittet, dann nimmt sie auch gleich den Schirm mit. Das, liebe Gemeinde, ist Senfkornglaube.
Und noch ein Drittes: *"Wenn ihr Glauben habt wie ein Senfkorn und sagt zu diesem Maulbeerbaum: Reiß dich aus und versetze dich ins Meer, so wird er euch gehorsam sein."*
Das klingt wie das Wort vom *„Kamel, das eher durch ein Nadelöhr geht als ein Reicher in den Himmel kommt."(Mt 19,24)* Oder wie vom Glauben, *„der Berge versetzen kann." (Mt 21,18-22)* Das sind Worte entgegen aller Logik und menschlichen Vernunft. Ich denke, dass Jesus ganz bewusst so redet, um seine Jünger und auch uns zu ermutigen, ihm bedenkenlos alles zuzutrauen. „*Alle Dinge sind möglich dem, der da glaubt*!" *(Mk 9,23),* sagt Jesus an anderer Stelle.

Ich komme zum Schluss:
Bei allen Fragen unseres Lebens, die Frage nach unserem Glauben ist und bleibt zentral. Tröstlich ist, ein Senfkornglaube genügt, um Bäume rauszureißen und Berge zu versetzen. Er genügt, damit Unglaubliches geschehen kann, dass menschlich gesehen Unmögliches möglich wird.
Der kleine Glauben, der Sie und Dich bewegt hat, heute in den Gottesdienst zu gehen, auf das Wort Gottes zu hören, vertrauensvoll zu beten und miteinzustimmen in das Lob Gottes – der genügt, um in Anfechtung Trost und Halt zu finden, um das Leben tiefer zu verstehen, um Dinge zu ertragen, die sich nicht ändern lassen und am Ende voller Hoffnung zu sein..
Ein bekannter Theologe, Rudolf Zerfaß, hat sich nicht gescheut, seinen Studenten zu erzählen, dass er, wenn ihn Verzagtheit und Angst überkommt, den Kinderreim aufsagt: „Nicht rechts geschaut, nicht links geschaut, geradeaus geschaut, auf Gott vertraut – und los!" AMEN!

Wunderwerk Roggenhalm – Erntedank 06.10.2013

Liebe Kinder, liebe Gemeinde,

heute habe ich ein paar Bilder mitgebracht.

Bauklotzturm

Ein Turm aus Holzklötzchen – vielleicht der erste Turm, den ein Kind gebaut hat. Zum Staunen! Immerhin, der bleibt stehen – wenn ihn nicht der kleine Bruder umwirft.

Ulmer Münster

Auch ein Turm - ein Kirchturm. Wer kennt ihn? ....

das höchste Kirchengebäude der Welt -161m hoch; aus Stein, ganz kunstvoll behauen. Da kann man nur staunen darüber, was Menschen Schönes schaffen können!

Fernsehturm

Noch ein Turm. Wer weiß, was das für einer ist?........

Er ist ganz schlank und trotzdem 217m hoch (mehr als 7x so hoch wie unser Kirchturm) und fällt nicht um. Oben drin befindet sich ein Restaurant, in dem man essen kann und über ganz Stuttgart und weit darüber hinaus sehen kann. Da kann man auch nur staunen über solch ein Gebäude!

Eiffelturm

Ein ganz berühmter Turm in Frankreich, in Paris... der Eiffelturm, 324m hoch; also doppelt so hoch wie das Ulmer Münster; aus 10 000 Tonnen Stahl. Da kann man nur staunen, auf welche Ideen Architekten kommen!

Turm in Dubai

Das ist der höchste Turm der Welt. Ratet mal, wie hoch dieser Turm ist?...... mehr als 800m, also 5mal so hoch wie das Ulmer Münster. So hoch wie von hier bis zum Sportplatz hoch. Sagenhaft! Da kann man nur staunen über das, was Menschen bauen können; Türme, die hoch in den Himmel ragen!

Einmal wollte ein ganz reicher Mann, ein Millionär, für sich auch einen ganz besonderen Turm bauen lassen. Er bestellte den berühmtesten und klügsten Architekten. Er sagte.
„Sie müssen mir einen Turm bauen, der soll einen Durchmesser von 4m haben. In diesem Turm müssen Treppen und Wasserleitungen eingebaut werden und Materialaufzüge. Die Wände dürfen nur 1/2m dick sein und die Höhe des Turmes muss 1 500 m betragen. Außerdem muss sich der Turm nach allen Seiten biegen können und ganz oben auf dem Turm soll eine chemische Fabrik gebaut werden."
Der Architekt sprang auf und rannte zur Tür hinaus. Er dachte nur: „Solch ein Auftrag, das ist ja wohl unmöglich!"

Liebe Kinder, das war heute eine erfundene Geschichte. Aber wisst ihr was!? Es gibt tatsächlich solch ein „Bauwerk" !

Roggenhalm

Ja, der Roggenhalm – ein gigantisches Wunderwerk, das die kühnsten technischen Bauwerke in den Schatten stellt. Der Durchmesser eines Halmes beträgt 3 bis 4 mm. Die Wand eines Halmes ist nur ½ mm dick und er ist etwa 1,5 m hoch. Also alles um ein Tausendstel verkleinert. Im Halm befinden sich Leitungen für das Wasser und Aufzüge für die Nährstoffe. Es gibt kein menschliches Bauwerk, das ähnlich schlank gebaut wäre. Wollte man einen Fabrikschornstein mit solchen Maßen bauen, müsste man ihn 7250 m hoch bauen, eine Höhe, die den Mont Blanc um das eineinhalbfache übersteigt. Und der Roggenhalm erscheint noch großartiger, wenn man bedenkt, dass er obendrein mit einer Ähre belastet ist, die etwa so schwer ist wie der Halm. Ein Turm von Menschen gebaut würde mit der Last seines Eigengewichts obendrauf einstürzen. Dabei ist der Halm noch biegsam und elastisch. Er kann sich zur Erde neigen ohne zu brechen. Er schwankt, aber er kippt nicht um. Der Halm ist nur durch seine Wurzeln im Boden verankert. Und wie schaffen es die Nährstoffe in den Zellen hochzusteigen bis in die äußersten Spitzen der Blätter und der Ähre? Das sind Fragen, die die klügsten Professoren kaum beantworten können.

Milliardenfach hat Gott auch dieses Jahr wieder Roggenhalme wachsen lassen mit den Ähren und Körnern. Solch eine Ähre ist wirklich eine kleine chemische Fabrik, in der das Mehl für das Brot hergestellt und gespeichert wird. Darum steckt im Brot steckt nicht nur die Mühe eines Landwirts, nicht nur die Sorgfalt eines Müllers, nicht nur die Kunst eines Bäckers, auch nicht die vielen verschiedenen Hände bis es bei uns auf den Tisch kommt. Das alles freilich auch. Aber:

Zuerst und vor allem steckt Gottes Weisheit, Liebe und Fürsorge dahinter. Jeder Roggenhalm erzählt etwas von Gottes Größe und Güte. ER ist der größte Architekt aller Zeiten! Da kann man nur Staunen über Gott und über seine Schöpfung – und „Danke“ sagen und anbeten!!

Die Zerstörung hat nicht das letzte Wort **5.Mose 8,14**

Gedenkfeier – 70 Jahre Brandnacht Nufringen **07.10.2013**

Liebe hier versammelte Gemeinde,

Gedenkfeier, Gedenkstunde, in der wir innehalten, hören, nachdenken und „gedenken“, damit wir nicht vergessen und aus der Geschichte lernen oder wie es der Konfirmand gesagt hat: „erfahren, wie schlimm Krieg sein kann.“

Fragen wir: Was war damals, vor 70 Jahren?

Die Zeitzeugen haben uns mithineingenommen in einen Teil ihrer ganz persönlichen Geschichte, auch in die Geschichte unseres Ortes: Ständig wiederkehrender Fliegeralarm, heulende Sirenen, Angst, ein Feuerinferno, Verlust von Hab und Gut, Obdachlosigkeit und manches mehr. Kinder, Frauen, Männer, die mit den traumatisierenden Geschehnissen weiterleben mussten.....

Was war damals vor 70 Jahren?

Nur die Bomber der britischen Royal Airforce, die versehentlich

Nufringen trafen und eine Schneise der Verwüstung über die Orte Böblingen, Holzgerlingen, Altdorf, Hildrizhausen und Nufringen verursachten?

Was war damals?

Waren die Brandbomben nur die Revanche für die Fliegerbomben der deutschen Luftwaffe auf Coventry und damit eine Reaktion auf das Unrecht des Naziregimes?

Was war damals?

Es waren die Folgen eines Krieges, der von Hitler-Deutschland ausgegangen war. Es waren die Folgen eines machtbesessenen Diktators, der sich selbst als Gott verehren ließ....

Aber immer dann, liebe Mitgedenkende, wenn ein Mensch sich an die erste Stelle setzt, wird es fanatisch und grausam. Wo Gott, der Herr, nicht seinen Platz hat, nehmen fremde Götter, Götzen und Ideologien ihren Platz ein. Das war damals so und ist auch heute so. Gott wusste, warum er uns als 1.Gebot gab: *„Ich bin der Herr, dein Gott. Du sollst keine anderen Götter neben mir haben!“*

2. Der Nationalsozialismus war auch ein Aufstand gegen die anderen neun Gebote und gegen das Wort Gottes generell.
Ich erinnere daran, dass auch von unserem Kirchturm zwei Glocken herabgeholt wurden, um diese für militärische Zwecke zu entfremden. Das wurde so von oben angeordnet.
Papst Johannes II. war es, der festgestellt hat: „Glockenlose Zeiten sind immer gottlose Zeiten“ und ich ergänze – darum auch „unmenschliche Zeiten“. Denn menschlich bleiben wir nur, wenn wir einen Gott über uns anerkennen, vor dem wir uns mit unserem Tun verantworten müssen.

Bei der Vorbereitung bin ich auf einen Satz aus 5.Mose 8,14 gestoßen. Er könnte so etwas wie ein Schlüssel sein für das Verstehen damals und uns helfen, zu bewahren, was uns anvertraut ist an Gütern, an Freiheit und Frieden. Der Satz lautet:

„Hüte dich, dass dein Herz sich nicht überhebt und du den Herrn, deinen Gott, vergisst.“

Das hat Gott zu den Israeliten gesprochen, die im Land, wo Milch und Honig floss, dabei waren, ihren Gott, der sie dorthin gebracht hatte, zu vergessen. Das sagt Gott auch zu uns, die wir in Gefahr sind, unseren Wohlstand und unsere Möglichkeiten uns selbst zuzuschreiben, unserem schwäbischen Fleiß, unserer Intelligenz, unserer Sparsamkeit, unserem Können. Wie schnell das kippen kann, merken wir dann, wenn z.B. bei schlimmer Erkrankung alles Wissen, alles Hab und Gut wie Sand in den Fingern zerrinnt. Das Einzige was im Wandel der Zeit bleibt, ist der lebendige Gott. Ein Gott, der sich uns Menschen in dem Juden Jesus Christus zugewandt hat – und damit auch in Worten wie wir sie vorhin in der Bergpredigt (Mt 5,3-10) gehört haben. Solches aber und die Ideologie des Nationalsozialismus, das passte nicht zusammen.

Dennoch gab es in Nufringen Christen – aus dem Bericht der Zeitzeugen konnten wir dies entnehmen - die diesen Gott nicht vergessen haben, die sich im Gebet an ihn wandten, bei ihm ihre Zuflucht suchten und mutig genug waren, das jüdische Ehepaar Krakauer im Pfarrhaus zu verstecken und den einmarschierenden Franzosen mit der weißen Fahne entgegenzulaufen..

Unsere Pelagiuskirche ist sichtbares Zeichen dafür, dass es hier Menschen gab und gibt, die sich in aller Unvollkommenheit an dem Gott der Bibel orientieren wollen. Wie durch ein Wunder Gottes wurde unsere Kirche in all den Kriegen und Wirren durch Jahrhunderte hindurch verschont. Und ihr Turm weist bis heute wie ein Fingerzeig nach oben und will uns sagen:

Zerstörung und Leid haben nicht das letzte Wort, sondern der lebendige Gott, der da spricht: *„Hüte dich, pass auf, dass dein Herz sich nicht überhebt und du den Herrn deinen Gott vergisst!“* AMEN!

Vorbereitungen für die letzte Reise - Hebr.13,14 24.11.2013

Liebe Gemeinde, liebe trauernde Angehörige,
unser Matthias war letztes Wochenende bei uns zuhause. Er macht gerade die Grundausbildung bei den Gebirgsjägern – 400km entfernt von hier. Als ich ihn fragte, wann er wieder heim käme, sagte er spontan: „Auf jeden Fall wieder nächstes Wochenende! Nach 4 Tagen campen in den Bergen bei Schnee und Regen, brauche ich mein Zuhause!"
Ein Zuhause haben – ein gutes Gefühl, das wir alle kennen. Nach einem langen Tag heimkommen; in meinen eigenen vier Wänden sein; die Füße hochlegen, an den Kühlschrank gehen zu dürfen, da sind wir zuhause. Wer dies nicht hat, dem fehlt ganz viel.
Und doch brauchen wir im Leben noch eine andere Ausrichtung. Die Jahreslosung aus Hebr.13,14 erinnert uns:

„Wir haben hier keine bleibende Stadt, sondern die zukünftige suchen wir!"

Wie schnell unser irdisches Haus dahin sein kann, das mussten vor kurzem die Menschen auf den Philippinen bitter erfahren. Oder, ich erinnere mich, wie wir vor zwei Jahren das Haus unserer Eltern räumen mussten, in dem wir als Kinder wohnten und spielten. Und wahrscheinlich bin ich nicht die einzige, die sich schmerzlich erinnert an eine Räumungsaktion.
Der Hebräerbrief hat es auf den Punkt gebracht: *„Wir haben hier keine bleibende Stadt."* Und er meint dabei nicht nur unser Haus - aus Steinen erbaut. Er denkt dabei auch an unsere verletzliche Existenz, an unser vergängliches Leben.

Liebe Gemeinde, wäre diese „Binsenwahrheit“ aber alles, was über unser Leben zu sagen ist, und viele unter uns schmerzlich erleiden, dann könnte uns das lähmen und am Weitergehen hindern. Gut gemeinte Sätze wie „Der Tod gehört nun mal zum Leben dazu“ oder „Wer nicht vergessen ist, stirbt nicht“, oder „Das war Erlösung“ sind zu banal, zu rasch versöhnend, zu billig. Gott sei Dank eröffnet die Jahreslosung über dem Schatten des Vergänglichen einen weiten Horizont.

„Hinterm Horizont geht`s weiter“ singt Udo Lindenberg.

Die Bibel sagt: Gott hat eine neue Stadt in Planung. Wir gehen nicht einem dunklen Nichts entgegen, sondern Gottes kommender Welt; einer Zukunft, die Gott extra für uns Menschen schaffen wird. D.h. dann:

In diesem irdischen Leben sind wir nur auf der Durchreise.

Ein Tourist, so erzählt eine Geschichte, darf in einem Kloster übernachten. Als ihm ein Mönch sein Zimmer zeigt, fragt er: „Wo habt ihr denn eure Möbel?“ Der Mönch fragt den Tourist zurück: „Ja, wo haben Sie denn Ihre?“ „Meine“, erwidert der Tourist, „ich bin doch nur auf der Durchreise hier!“ „Eben, das sind wir auch“, erwiderte der Mönch.“

Liebe Gemeinde, nur auf der Durchreise sind wir, aber unterwegs zu einem großen Ziel, unterwegs zur neuen Stadt, von Gott erbaut.

Wer unterwegs auf Reise ist, der hat vorher seinen Koffer gepackt und sich dabei gründlich überlegt, was er mitnehmen will. Und jetzt die Frage:

Wie, liebe Gemeinde, liebe trauernde Angehörige, würden Sie Ihren Koffer packen für die letzte Reise? Mit dieser Frage haben wir uns im Konfirmandenunterricht beschäftigt und manche haben diese Frage auch Angehörigen gestellt. Danke, dass sie uns Anteil geben an ihren Gedanken:

Konfirmand 1

„Ich glaube, dass es ein Leben nach dem Tod gibt. Aber ich glaube, dass man dort nichts Materielles von der Erde braucht. Ich glaube, dass man das, was man dort vielleicht braucht, bekommt und versorgt wird. Und sollte es nach dem Tod nichts geben, braucht man ja auch nichts mitnehmen."

Ältere Hausfrau

„In meinen Koffer packe ich eine Hose, eine Bluse und Socken, weil mir immer kalt ist. Eine Kerze nehme ich mit, weil Licht für mich sehr wichtig ist und ich glaube an das ewige Leben. Meine Bibel und mein Gesangbuch packe ich auch mit ein. Ich würde mir wünschen, dass ich noch Gottes Wort hören könnte und dass wir noch gemeinsam singen."

Hochbetagte Witwe

„Ich packe in meinen Reisekoffer Fotos von meinen Mann, meinen Kindern und Enkelkindern, ebenso kleine Erinnerungsstücke aus meinem langen Leben, meine Brille zum Sehen und Lesen, Bücher zur Unterhaltung und mein Gesangbuch und meine Bibel für die Andacht und die Zeit, in der ich alleine bin."

Mutter und Hausfrau

„Eigentlich wäre mein Koffer für die letzte Reise leer. Denn mehr wie die Zusage Jesu, dass ich sein geliebtes Kind bin, brauche ich nicht. Jedoch ist mir meine Bibel sehr wichtig, darum lege ich sie nun doch in den Koffer. Göttliche Schätze wie Frieden und Liebe im Herzen möchte ich mitnehmen."

Konfirmand 2

Auf meine letzte Reise nehme ich nichts mit, obwohl ich viel vermissen werde. Ich kann nicht alles mitnehmen. Ich will mich von der neuen Umgebung, den Menschen und das, was mich erwartet, überraschen lassen; einfach alles auf mich zukommen lassen."

Äußerst interessant, wie die fünf Leute ihren Koffer gepackt haben. Ich habe festgestellt:

a)in manchen Koffern wurde etwas sichtbar von unserer Durchreise; dass wir Wanderer zwischen zwei Welten sind. Da gab es Dinge, die wichtig sind in diesem Leben, die zu uns gehören und gerne mitgenommen werden auch in die neue Stadt.

b)alle Kofferpackenden sind sich ziemlich sicher, dass es ein Leben nach dem Tod geben wird……

Kritische Leute könnten jetzt mit Ludwig Feuerbach einwenden: Woher wisst ihr das so genau? Sind Eure Vorstellungen nicht nur ein an den Himmel projizierter Wunschtraum?

c)Nicht von Ungefähr haben drei von den fünf Kofferpackenden auch eine Bibel eingepackt. Für unsere Hoffnung haben wir eine einzige Grundlage. Das ist das Wort Gottes. Auf Gottes Verheißungen basiert unsere Hoffnung. Und Gott selbst steht dafür ein, dass seine Versprechen wahr werden. Oder, sollte Gott lügen? Immerhin sind nahezu alle Verheißungen der Bibel inzwischen in Erfüllung gegangen.

Noch ein zweiter Gedankenkreis:

Was folgt aus dieser Hoffnung auf das neue Zuhause bei Gott? Einen Vers vor der Jahreslosung lesen wir:

„Lasst uns aufbrechen, lasst uns hinausgehen" – und zwar so, so wie Jesus einst aus der Stadt hinausgehen musste, damals auf dem Weg zur Kreuzigung. Dort, außerhalb der Stadt, nahe bei der Müllhalde

Jerusalems, hat er gelitten. Dort, wo man Verbrecher hinrichtet, hat er sich für uns zu Tode geliebt. Dort hat er endgültige Versöhnung gestiftet zwischen Gott und den Menschen.

Und wir, liebe Gemeinde, wir dürfen und sollen immer wieder neu aufbrechen aus dem, was vergänglich ist und vergeht – hin zum Ort der Versöhnung, zum Kreuz Jesu, zu Jesus Christus. Er weiß, wie das ist, wenn Menschen leiden, Gott nicht mehr verstehen, ja fast verzweifeln.

„Lasst uns zu ihm hinausgehen....denn wir haben hier keine bleibende Stadt."

Der „Weg hinaus" ist eine Grundbewegung des Glaubens (Abraham, Israel, Jesus). Christsein heißt, sich aufmachen und sich immer neu in die Bewegung des Glaubens hineinnehmen lassen, z.B. auch durch unsere Gottesdienste; nicht um der „bösen Welt" zu entfliehen, sondern, um in dieser Welt als erlöste und befreite Christen zu leben.

Wenige Verse nach der Jahreslosung steht die Aufforderung: „*Vergesst nicht, Gutes zu tun und mit anderen zu teilen*!"

Christen, die wissen, dass uns hier alles nur anvertraut ist, um es zu verwalten, müssen nicht alles festhalten; sie üben sich im Loslassen. Christen müssen nicht krampfhaft allem Glück der Erde nachjagen, weil sie wissen, das Beste kommt noch; Christen müssen nicht nachtragen und nicht vergelten, nicht mal beleidigt sein, weil sie den Lebensstil Jesu pflegen wollen. Christen dürfen heraustreten aus dem unbarmherzigen Druck, einem Leben selbst einen Sinn und eine Bedeutung geben zu müssen, hin zu Gott. Er schenkt Sinn und Wert. Christen dürfen aufbrechen aus ängstlicher Resignation hin zum Horizont der Ewigkeit, in die neue Stadt, das neue endgültige Zuhause.

Liebe Gemeinde,

es ist etwas Großes, wenn wir aus der Verbindung mit dem auferstandenen Christus heraus bewusst auf das Kommende zugehen und dabei unterscheiden zwischen dem, was vergeht und dem, was bleibt. Zweimal durfte ich in diesem zu Ende gehenden Kirchenjahr erleben, wie Sterbende nach dem Empfang des Hausabendmahls bekannten: „Jetzt gehe ich weiter, versöhnt mit Gott und freue mich, meinem Heiland zu begegnen!“

Ich komme zum Schluss und fasse zusammen:

Wer diese Welt, sein irdisches Zuhause zu seiner Heimat macht, stirbt in der Fremde. Wer aber *„die zukünftige Stadt sucht“*, der bricht auf, zu Jesus hin in dem Vertrauen, dass er bei Gott in ein ewiges Zuhause einziehen kann. Wer darauf vertraut, der lebt anders. Der darf sich jetzt schon freuen auf die ausgebreiteten Arme unseres Herrn Jesus Christus: „Willkommen in der neuen Stadt! Endlich zuhause!“

AMEN!

Was es mit Weihnachten auf sich hat – Gal 4,4

Christmette 2013

Anspiel

Kirche ist schwach beleuchtet.

Zwei einsame Gestalten stehen vorn –

Hirten, gestützt auf ihrem Stab, in verschiedene Richtungen schauend, unbeweglich. Nach einer Weile dreht sich der eine um, wendet sich dem andern zu.

Hirte 1: Was denkst du?

Hirte 2: Warum?

Hirte 1: Du sagst nichts.

Hirte 2: du ja auch nicht.

Hirte 1: bin eben kein Schwätzer.

Hirte 2: Ich auch nicht.

Hirte 1 (*nach einer Pause*) Weit und breit nichts.
Kein Ton! Kein Licht! Nichts!

Hirte 2: Denkst du auch wieder daran?

Hirte 1: Klar. Du auch?

Hirte 2: Sicher. Genau vor 10 Jahren war es.
Heute vor 10 Jahren.
Ich vergesse das nie. Diese Musik und das Licht!

Hirte 1: ich hab gemeint, jetzt ist es passiert mit mir.

Hirte 2: Ja, du hast Schiss gehabt.......

Hirte 1: Was haben die gesungen, die hellen Gestalten?....
„Ehre sei Gott", glaub ich.....

Hirte 2: „....in der Höhe", ja und dann noch
„Friede auf Erden".

Hirte 1: "....auf Erden". Genau, ich hör das noch,
wie wenn`s gestern gewesen wäre.

Hirte 2: Und jetzt sind`s schon 10 Jahre – eigenartig!

(Pause)

Hirte 1: Und dann das Kind dort in jenem Stall.

Wie es mich anschaute.....

Ich weiß nicht.....Es hat irgendwie etwas in mir ausgelöst.

Vielleicht war es das, dass ich nie zuvor erlebt habe, dass Gott uns so nahe kommt.

Hirte 2: Ja, ja. Wir haben dich kaum mehr von dort weggebracht.

Dabei wollten noch ganz andere Leute in den Stall, um das Kind zu sehen.

Hirte 1: Ah genau. Da sind doch noch ganz noble Herren gekommen, von weit her .....irgendwie Könige oder so.

Hirte 2: Hast du je wieder etwas gehört vom Kleinen und seiner Mutter?

Hirte 1: Nein, nirgends. Und, wem ich davon erzähle, der schüttelte nur den Kopf.

Hirte 2: Und dachte, der Alte hat wohl nicht mehr alle Tassen.....

Hirte 1: Oder er säuft heimlich.

Aber egal. Ich möchte auf keinen Fall vermissen, was ich erlebt habe.

Hirte 2: Schön wäre, die Geschichte ginge jetzt irgendwie weiter.

Hirte 1. Du meinst das mit dem Frieden.

Hirte 2: Klar, das mit dem Frieden auf Erden; aber auch,

dass der Kleine im Stall sich als der Messias erweist, unser Erlöser, unser neuer König.

Hirte 1: Lass ihm doch noch etwas Zeit. Er ist doch erst 10 Jahre alt.

Hirte 2: Wenn er überhaupt noch lebt?

Hirte 1: Und ob, lebt der!

Hirte 2: Der hat mehr Leben in sich gehabt als alles, was ich je gesehen habe. Ich kann es nicht beschreiben *(kurze Pause)*

Es ist alles irgendwie anders – seit damals.....

Mit mir ist irgendwie etwas passiert.

Hirte 1: Aha – du bist 10 Jahre älter geworden?...

Hirte 2: Das auch, ja, aber...irgendwie.....ach, lassen wir das.

Hirte 1: Nein, jetzt sag schon, wenn du schon damit angefangen hast.

Hirte 2: Also gut: Es ist*....(er zögert, weiß nicht, wie er es sagen soll)*

Gott ist viel näher gekommen als je.

Hirte 1: Ich fass es nicht. Jetzt, wo du es sagst: „Gott ist viel näher gekommen als je" – genau, das wäre auch mein Satz.

Wenn jemand mich fragen würde, was denn in jener Nacht so besonders gewesen sei – dann müsste ich das auch sagen: „Gott ist viel näher gekommen als je."

Hirte 2. Es kommt aber keiner und fragt dich danach.

Hirte 1. Wer weiß. Wahr ist es trotzdem.

Hirte 2: Wahr gewesen und wahr geblieben. Jedenfalls für mich.

Hirte 1: Für mich auch. Ich geh jetzt zu den Schafen. *(langsam ab)*

Hirte 2: *(summt vor sich hin)* „Ehre sei Gott in der Höhöhe...."

Liebe Festgemeinde,

beeindruckend die zwei Hirten. Gemeinsam haben sie nochmals zusammengetragen, was damals im Stall von Bethlehem geschehen ist. Und gemeinsam haben sie es auf den Punkt gebracht: „Gott ist viel näher gekommen als je." Das ist ihnen so zur Erfahrung und zur Wahrheit geworden.

Vermutlich waren die Hirten nicht fromm. Das waren raue Burschen, weit weg vom Tempel mit seinen Lichtern und Ritualen. Aber dann haben sie in jener Nacht erlebt, dass der Himmel über Bethlehem sich öffnete. Sie haben die Botschaft gehört: *„Euch ist heute der Heiland geboren"(LK2,11*
Seitdem geht diese Botschaft rund um die Welt. Wo sie hinkommt,

spitzen Menschen die Ohren. Wahrscheinlich deshalb, weil unsere Welt eben nicht „heil“, sondern an vielen Stellen angeknackst, kaputt, ist.
Ich erinnere mich:
Wenn unseren Kindern in ihren Händen etwas kaputt ging, dann kamen sie immer mit den Scherben und sagten: „Papa klebt`s wieder!“
Wenn`s nur immer so einfach wäre! Wir alle wissen von Defekten größerer Art. Da ist es nicht mit ein bisschen Kleber oder ein paar Trostworten getan. Da brauchen wir einen „Heiland“; einen, der wieder heil macht, was auseinandergebrochen ist. Seit Adam und Eva hat die ganze Schöpfung einen „Knacks“. Da hat sich Schuld und Sünde wie ein Keil in unsere Gottesbeziehung geschoben. Es ist auseinandergebrochen, was zusammengehört: der Schöpfer mit seinen Geschöpfen.
Unsere ganze Gesellschaft leidet unter dem Zerbruch.
Ich denk da an den Zerbruch von Familien und Ehen;
an zunehmende Korruption und Gewalt,
an die vielen Menschen, die auf der Flucht sind, frieren, hungern und unter Gewalt und Terror leiden;
auch an die Gier der Finanzmärkte, die immer neue giftige Blüten treibt;
an das zunehmende Gefühl, allem möglichen ausgeliefert und gläsern zu sein; an Ängste vor diesem und jenem;
Alles Zeichen einer angeknacksten und heillosen Welt.
Für die Menschen zur Zeit Jesu war das Wort „Heiland“ nicht so fremd wie für uns. Sie erlebten, dass sich der römische Kaiser als „Heiland“ verehren ließ. Sie erlebten aber auch, dass weder von ihm noch von dem gewalttätigen König Herodes Heil zu erwarten war. Im Gegenteil. Da mussten sie auf einen anderen hoffen, auf den Messias, auf einen von Gott gesandten Retter.

Ich habe ein Bild mitgebracht.

Sie sehen: Den größten Teil des Bildes machen Menschen aus. Alles selbst ernannte Herren; Menschen, die sich wie Götter verehren ließen; die aber viel Unheil und millionenfachen Tod gebracht haben. Das wissen wir von Tutanchamun, von Cäsar, und Lenin, von Mao-Tsetung und Kaiser Augustus und auch von Adolf Hitler – in der Mitte des Bildes. Darunter - ganz klein und schlicht das Weihnachtsgeschehen auf kleinem Raum – konzentriert auf das Kind in der Krippe. Licht geht von ihm aus. Was wollte wohl der Künstler mit diesem Bild sagen? Der Künstler überschrieb sein Bild mit dem Satz:

„Viele Menschen wollten schon Götter sein. Aber nur ein einziger Gott wollte Mensch sein." Genau darin, liebe Gemeinde, liegt das Geheimnis von Weihnachten.

Der Apostel Paulus hat so davon geschrieben: Gal 4,4:

„Als die Zeit erfüllt war, sandte Gott seinen Sohn,
geboren von einer Frau und dem Gesetz unterstellt,
um alle zu befreien, die unter der Herrschaft des Gesetzes standen."

Liebe Gemeinde, Gott hat den Kairos, die Geschichte, angehalten zu einem ganz bestimmten Zeitpunkt und an einem ganz bestimmten Ort. „Die Zeit war reif" sagen wir. *„Als die Zeit erfüllt war"*, nennt es die Bibel. Da ist Gott seiner Menschheit auf einzigartige Weise nahe gekommen. Das haben die Hirten beim Anblick des Kindes erlebt; auch die Gelehrten aus dem Morgenland. Und das kann nicht nur ein persönlicher Gefühlsausbruch gewesen sein. Sensationelle Geburten gibt es immer wieder. Aber ganz schnell spricht keiner mehr davon. Von der Geburt Jesu aber ist etwas ausgegangen in alle Welt, das bis heute nichts von seiner Bedeutung verloren hat. Nicht von Ungefähr begann mit Jesu Geburt eine neue Zeitrechnung. „Vor Christus" und „nach Christus". Nicht von

Ungefähr feiern Menschen auf der ganzen Welt die Geburt von Jesus Christus.
Und dann – das gibt es sonst in keiner andern Religion – tritt Gott nicht als glorreicher Herrscher in Jerusalem auf die Weltbühne, sondern als kleines Kind in einem stinkigen Stall am Rande der Wüste. Der große Gott, der Schöpfer des Universums hat sich klein gemacht, ohnmächtig, ausgeliefert. Und wir fragen, warum so? Damit ist doch kein Ruhm zu erzielen – oder doch?!
Wenn ich das richtig erkenne, dann wurde Gott wohl deshalb arm, dass seit Weihnachten niemand mehr sagen kann:
Du, Gott, kennst Dich ja nicht aus in dieser Welt. Du weißt nicht, wie das ist, wenn Menschen hungern und unschuldig leiden, wenn man gemoppt wird; wenn Ehen und Familien zerbrechen; wenn Menschen auf der Flucht sind, wenn man Angst hat vor böser Krankheit, vor Verlust, vor diesem und jenem; wenn man einfach nur traurig ist.
Ganz oft, liebe Gemeinde, begegnet uns Gott in der Krise. In den Tiefpunkten eines Lebens; abseits von Glanz und Harmonie, da erleben Menschen die Bedeutung von Weihnachten oftmals am intensivsten. Und, wenn wir fragen: Was hat denn die Geburt Jesu gebracht? Läuft nicht die Weltgeschichte genau so weiter wie zuvor?
Dann müssen wir als Christen zugeben, dass sich im Großen und Ganzen vielleicht nicht viel verändert hat. Unsere Welt ist immer noch bedeckt mit Finsternis, Leid und Schuld. Aber mit der Geburt Jesu hat Gott ein Zeichenseiner Liebe gesetzt. Er gibt seine Geschöpfe nicht auf. Durch Jesus will er retten, was verloren ist. Einzelne, wie die Hirten und die Weisen und mit ihnen weltweit noch viele andere haben sich aufgemacht – zu Jesus hin und dabei erlebt: „Gott ist uns in Jesus näher gekommen als je zuvor".

Ich denke gerade an Samuel Koch, der vor etwa drei Jahren bei der Fernsehsendung „Wetten dass“ schwer verunglückt und seitdem querschnittsgelähmt, zeitweise von brutalen Schmerzen geplagt und an den Rollstuhl gefesselt ist. In einer Notiz zum Weihnachtsfest schreibt er:
„Mir ist nur eines wichtig: Dass Gott an Weihnachten Mensch wurde und sich in unsere Nöte, Abgründe und Schmerzen hineinbegab.“
Liebe Gemeinde, für mich strahlt auch da etwas auf vom Glanz und von der Kraft, die von Jesus ausgeht und ein Leben auch in den Tiefen und Erschütterungen froh machen kann.

Ich komme zum Schluss:
Gott sei Dank, geht es an Weihnachten weder um Vergnügen noch um eine heile Welt, sondern um einen heruntergekommenen Gott, der uns nahe sein will, um uns zu trösten, um verwundete Herzen zu heilen und uns zu begleiten auf dem Weg, den wir mit Jesus gehen sollen, bis hin zur Ewigkeit. „Fürchte Dich nicht. Denn Dir ist heute der Heiland geboren! AMEN!

Etwas Festes braucht der Mensch – Hebr 13,8+9 31.12.2013

Liebe Gemeinde,

am letzten Tag des Jahres 2013, da kommen uns viele Gedanken in den Sinn. Mancher schaut dankbar zurück, weil er Gottes Hilfe und Bewahrung erlebt hat; weil ihm viel gelungen ist oder er reich beschenkt wurde. Mancher denkt mit Tränen in den Augen an die letzten Monate zurück, weil es schwere Prüfungen, Abschiede und Schmerzliches zu tragen und zu bewältigen gab. Mancher möchte die Uhr am liebsten nochmals zurückdrehen, weil er heute manches anders entscheiden, sagen und tun würde. Mancher würde die Zeit vielleicht am liebsten aufhalten, weil er den Eindruck hat, von Jahr zu Jahr fliegt die Zeit schneller dahin. Die Zeit verrinnt geradezu unter den Händen. Kürzlich habe ich von George Orwell den Satz gelesen: „Die Zeit vergeht nicht schneller als früher, aber wir laufen eiliger an ihr vorbei."

Ich vermute, dass dieser Satz das Lebensgefühl vieler Menschen beschreibt. Da ist so viel Lärm, da ist ständig die Präsenz der Medien, so viel Betrieb und Stress – mitunter auch Freizeitstress.

Die Folge ist, immer mehr Menschen bleiben unruhig und gejagt zurück, umgetrieben von vielen Meinungen, Leidenschaften, Programmen und Ideen. Es bleibt viel Angebrochenes und Abgebrochenes.

Matthias Claudius hat den Nagel auf den Kopf getroffen, wenn er sagt: „etwas Festes braucht der Mensch". Etwas Festes, Bleibendes und Verlässliches in allem Wandel der Zeit; etwas, wo ich zur Ruhe und zum Frieden finden kann; etwas, das mich ohne Angst ins neue Jahr gehen lässt?

Das Bibelwort für diesen letzten Abend im Jahr 2013 gibt uns einen Hinweis auf den, der ist und bleibt, trägt und hält.

Hebr. 13, 8+9:

„Jesus Christus, gestern und heute und derselbe auch in Ewigkeit. Deshalb lasst euch nicht durch mancherlei fremde Lehre umtreiben! Achtet vielmehr darauf, dass euer Herz fest werde, welches geschieht durch Gnade!“

Liebe Gemeinde,
mich springt „*das feste Herz*“ an. Da ist zusammengefasst, was so etwas wie ein Gegenpol zu sein scheint zur Unruhe, zum Umgetriebensein:
-in sich selber ruhen; bei sich zuhause sein;
-festen Boden unter den Füßen haben;
-in Gelassenheit und ohne Angst leben;
-geborgen sein und Frieden haben;
Liebe Gemeinde, tragen wir nicht alle diese Sehnsucht mit uns herum?! Ein Wunsch, der wohl schon sehr alt ist, sonst hätte der Verfasser des Hebräerbriefes nicht geschrieben:
„Achtet darauf, dass euer Herz fest werde, welches geschieht durch Gnade!“
„Ein festes Herz“ - nicht durch eine Methode oder ein bestimmtes Training zu erreichen, sondern durch „Gnade“. Gnade ist ein Geschenk. Und, wenn ein Menschenleben in ein gutes Gleichgewicht kommt mit sich, mit dem lebendigen Gott und mit anderen Menschen und mit der Welt um ihn herum, dann „*geschieht es durch Gnade*“; ist also unverfügbar, nicht machbar. Ich kann es auch so sagen: Gnade ist, wenn alles Trennende zwischen Gott und mir, zwischen mir und meinen Mitmenschen aufgehoben ist; wenn mir alle Sünde, Schuld und Scham vergeben und beseitigt ist.

Wir merken, das gefestigte Herz, den inneren Frieden, die tiefe und ruhige Gelassenheit, diese Kostbarkeit, gibt es nicht auf den Märkten dieser Welt zu kaufen. Darum die Aufforderung:
„Lasst euch nicht durch mancherlei fremde Lehren umtreiben….“
An Angeboten fehlte es wohl schon zur Zeit des Hebräerbriefes nicht. Der Markt ist voll davon bis heute. Das reicht von bestimmten Steinen über die Buddha-Statue, vom Volkshochschulkurs bis zur Weisheit der Tarot-Karten, von einer bestimmten Ernährung bis zum bestimmten Fitnessprogramm. Und freilich hat auch die Religion ihren Stand auf diesem Markt. Das musst du glauben, dorthin musst du gehen, dann findest du Ruhe und Ausgeglichenheit.
Unser Bibelwort sagt, ein festes Herz, Lebensstabilität, das ist nicht machbar. Das kann man sich nur schenken lassen. Dafür hat ein anderer bezahlt; der, dessen Kommen in die Welt wir vor wenigen Tagen gefeiert haben: Jesus Christus! Sein Name ist Programm. Er ist nicht nur etwas für die letzten Stunden des Jahres. Er steht in allem Wechsel der Zeit für Beständigkeit. Er ist und bleibt derselbe *„gestern, heute und in Ewigkeit“.* Er ist für uns da und in seiner Nähe geschieht das Kostbare, dass unser Herz fest wird.
Es ist schon lange Jahre her, da hat mir eine Frau im Krankenhaus einmal gesagt, dass das feste Herz mit dem „Gefasstsein“ zusammenhinge; sie meinte, gefasst sein wie ein Edelstein und wollte damit sagen:
Mein Leben, meine Biographie mit allen Unebenheiten, meine momentane Situation und meine Zukunft will zusammen gebracht sein mit der Heilsgeschichte Gottes; will wie ein Edelstein eingefasst werden von Gottes Liebe und Gnade. D.h.
a)wenn ich zurückblicke auf mein Leben, dann soll von Bedeutung sein, dass Jesus Christus mir bisher in meinem Leben – auch im Jahr 2013 ganz viel Schönes, Gutes und Beglückendes geschenkt hat.

„Jesus Christus gestern“

heißt aber auch, dass ich meine Bilanz nicht verschönern muss, weil Jesus mit mir auch durch das dunkle Tal ging, durch Leid und Enttäuschung, durch Versagen, Verzweiflung und Ängste. Und das, was ich noch nicht unter den Füßen habe, was noch wie schwere Last auf mir liegt, das will er mir abnehmen. Noch heute Abend, nachher beim Abendmahl. Übrigens, das Wort „Gelassenheit“ hat mit Loslassen zu tun. So lange wir Altes festhalten und weiterschleppen kann unser Herz nicht gelassen, nicht fest werden.

b) „Jesus Christus bis in alle Ewigkeit“

Wenn unsere Gedanken nach vorn gehen, dann gilt auch da:

In allem, was das neue Jahr 2014 bringen wird, es wird nichts geben, mit dem du alleine fertig werden musst; keinen Tag wird es geben, an dem sein Versprechen nicht gilt: *„Siehe, ich bin bei Euch alle Tage. Fürchte dich nicht!“*

Den verängstigten Jüngern sagte ein Engel am Ostermorgen:

„Jesus ist auferstanden…., dass er vor euch hingehe nach Galiläa…“

D.h. für uns, dass Jesus vor uns hingeht an die Orte, an die wir erst noch kommen werden. Wo immer wir hingehen. Er ist schon dort. Das gilt auch, wenn wir einmal in die neue Stadt kommen, von der in der Jahreslosung die Rede ist. Jesus ist schon dort und erwartet uns dort; hat schon eine Wohnung für Kinder Gottes vorbereitet..

c) und „Jesus Christus heute“

vielleicht ist das die größte Herausforderung. Denn die Frage ist, ob wir Jesus so dicht ranlassen in unsere Gegenwart? Ob wir ihn nicht lieber in sicherer Distanz lassen in der Vergangenheit so nach dem Motto „es war einmal“ oder in der Zukunft nach dem Motto „irgendwann einmal“. Aber anders als gegenwärtig und nahe ist weder Jesus Christus zu haben, noch seine Gnade, noch ein festes Herz. Die neue Jahreslosung weist in dieselbe Richtung indem sie uns ermutigt: *„Gott nahe zu sein, das ist mein Glück!" (Ps 73,28)*. Jetzt und heute. Alles andere wäre schade. Ich schließe mit dem Wunsch: Möge Jesus Christus mit seiner Gnade im Jahr 2014 noch mehr Raum in unserem Leben gewinnen, an jedem Tag! Mögen wir in seiner Geistesgegenwart leben, damit unser Herz fest werde! AMEN!

Was ist Glück? – Psalm 73,28 12.01.2014

Liebe Gemeinde,

„Ein gutes neues Jahr!" „Ein erfolgreiches und gesundes neues Jahr!" oder einfach „Viel Glück!"

Mit diesen Klassikern an guten Wünschen begegnen wir einander in diesen Tagen, zu Beginn eines neuen Jahres. Glücklichsein ist ein hoher Wert und darum auch seit Menschengedenken erstrebenswert.

Eine Heidelberger Schule soll 2007 das Schulfach „Glück" eingeführt haben. Wahrscheinlich kam von uns keiner in den Genuss solcher Unterrichtsstunden. Deshalb müssen wir uns selbst auf Spurensuche begeben. Was ist Glück?

„Meine Familie und Erfolg sind mein ganzes Glück";

„ein gewonnenes Fußballspiel oder ein gutes Zeugnis ist mein Glück;"

„alle Filme von Laurel und Hardy auf DVD" meinte ein Politiker bei einer Umfrage;

Für mich ist Glück, wenn ich das „Amen" unter eine geschriebene Predigt setzen kann.

Was aber, wenn der Erfolg ausbleibt? Oder die Familie? Wenn die DVDs Schrammen bekommen? Oder nach einer ansprechenden Predigt viele nichtssagende folgen? Ist das, was wir für Glück halten, nicht häufig genug bestenfalls ein Glückchen? Ein gefährdetes, vergängliches Glückchen? Die Jahreslosung aus Psalm 73,28 behauptet, dass es mehr gibt. Wirkliches Glück. Und sie verrät, wo es das gibt. Bei Gott!

„Gott nahe zu sein, das ist mein Glück!"

Schlicht und leicht kommt die Jahreslosung daher, eingängig und melodisch – fast so als wäre sie einem Schlager entsprungen – „Gott nahe zu sein ist mein Glück". In der Übersetzung M. Luthers heißt es: *„Das ist meine Freude, dass ich mich zu Gott halte!"*

Das klingt für manchen Bibelleser vertrauter. Aber vielleicht erreicht die Formulierung, für die sich die Ökumenischen Arbeitsgemeinschaft für Bibellesen entschieden hat, ganz neu unser Herz!? Und wir begreifen:

Bei Gott ist das Glück. Er ist mein Glück! Allerdings, Gott als Glücksfaktor, gar als Glücksautomaten gebrauchen zu wollen, das wäre zu banal und viel zu oberflächlich. Das wäre Hohn für die, die z.B. trotz ihres Glaubens krank werden oder scheitern oder wegen ihres Glaubens verfolgt werden.

Liebe versammelte Gemeinde, wir haben uns auf Spurensuche nach dem Glück gemacht. Inzwischen wissen wir, laut Jahreslosung, wo es das Glück gibt. Wir haben sozusagen die Lösung, aber noch nicht den Weg dorthin. Das ist wie bei Menschen, die bei einem Roman zuerst den Schluss lesen. Dem Beter des Psalms 73, Asaph, ist das Glück nicht in den Schoß gefallen. Lassen wir ihn zu Wort kommen:

<u>Monolog Asaphs</u>

Ehrlich gesagt, richtig bescheiden ging es mir..... Fast hätte ich alles hingeworfen.....So viele Menschen leben ohne Gott und....denen geht es gut.....die sind glücklich.....gottlos glücklich....Wie kann das sein?

Die scheren sich keinen Deut um das Gesetz, um die Gebote Gottes....., die schwingen große Reden......kümmern sich um die andern einen Dreck.....die lügen und betrügen und die Leute hören auch noch auf sie....denen scheint alles zu gelingen ...die werden nicht krank.......die sind glücklich......Und ich? Wie kann das sein, dass Leute wie ich, die Dummen bleiben? Warum wird mein Glaube, meine Achtung der Gebote und meine Frömmigkeit mit Krankheit belohnt? Was bringt es mir, an Gott zu glauben? Was habe ich davon, mein Leben an den Maßstäben der Bibel auszurichten, wenn das für mein Lebensglück überhaupt nicht nötig ist..... Was bringt mir der ganze Glaube?....Meine Gebete?....Mein frommer Lebensstil?........

Liebe Gemeinde, Asaph wäre fast verzweifelt. Wie kommt es aber dann, dass der Beter am Ende des Psalms den neuen Ton anschlägt: *„Gott nahe zu sein, das ist mein Glück!"*?

Die Wende kam für Asaph, als er die Nähe Gottes im Tempel gesucht und dort seine abgrundtiefe Enttäuschung vor Gott ehrlich ausgesprochen hat. Da geht ihm ein Licht auf und er erkennt zum einen, wie schlüpfrig der Grund ist, auf dem die stehen, die sich über Gott erheben. Und vor allem erkennt er, welch einen festen Grund er in seinem Leben hat. *„Denn du hältst mich bei meiner rechten Hand" (Ps 73,23).* Wie oft hast Du es schon getan, als ich wie oft schon am Abgrund war; als ich wie oft schon mich von dir entfernt hatte; Du hast mich festgehalten. Darum will ich jetzt so gut ich kann an Dir festhalten – aber nur darum, weil Du mich hältst. Diese tiefe Einsicht, liebe Gemeinde, führt bei Asaph zur Hingabe an Gott, zur Befestigung seiner Gottesbeziehung.

Bundespräsident Johannes Rau soll immer wieder den Satz der Bekennenden Kirche zitiert haben: „Ich halte fest, weil ich gehalten werde. Ich bleib in Gottes Nähe, weil er mir nahe gekommen ist."

Seit Weihnachten ist Gott uns näher gekommen als je zuvor. Was für ein Glück das ist, haben schon viele Menschen erlebt.

<u>Monolog Mirjams</u> (Joh 7,53-8,11)

Wenn ich zurückdenke, ich kann nur sagen:

Zum Glück war er da! Nun ja, es ist geschehen....kein Ruhmesblatt....

Ich habe Ehebruch begangen....ein paar besonders Fromme haben mich dabei erwischt....Sie haben mich vor diesen Jesus gezerrt. Von ihm

wollten sie wissen, wie jetzt mit mir umzugehen sei....Ich zitterte am ganzen Leib. Und dann....dieser Jesus sieht mich an...und tut etwas, was keiner erwartet hat: Er bückt sich und schreibt mit Finger in den Staub....Dann richtete er sich wieder auf und sagte nur:
„Wer von euch ohne Sünde ist, der werfe den ersten Stein!“
Und dann.... wenige Augenblicke später waren alle verschwunden. Nur ich bin geblieben....Die Worte von Jesus - an mich persönlich gerichtet - werde ich nie vergessen: *„So verdamme ich dich auch nicht. Gehe hin und sündige hinfort nicht mehr!“* Ich wollte gar nicht mehr weg von Jesus.
Zum Glück war Jesus im rechten Moment da.
Zum Glück hat er die Ankläger durchschaut und ihre Absicht entlarvt....
Zum Glück stand Jesus auf meiner Seite, mir ganz nah. Glaubt mir, ich hab ein neues Leben begonnen. Jesus – das war mein Glück! Ein Leben ohne Jesus, das kann ich mir nicht mehr vorstellen....

Auch in dieser Lebensgeschichte kommt etwas zum Tragen, was es bei allem Glück ohne Gott nicht gibt, nämlich die Erfahrung, dass es bei Gott auch dann noch Glück gibt, wenn alles schief gelaufen ist, wenn wir nur noch Bruchstücke, Scherben in Händen haben. Und dann trotzdem, von Gott geliebt und angenommen zu sein, von ihm Vergebung aller Schuld zu erfahren, das ist mehr als nur „happyness“. Das ist Glück, von dem die Jahreslosung spricht. Zugegeben, es liegt nahe, im Unglück zu fragen: „Gott, wo bist Du?“ Aber muss sich da nicht auch die Frage hinzugesellen: „Heidi, Helmut, Markus, Gabi......wo bist Du?“
Nicht Gott entfernt sich von mir, sondern ich bin immer wieder diejenige, die sich gerade woanders aufhält, anderen Zielen nachjagt, das Glück woanders sucht.
Mich beeindruckt Samuel Koch, der vor drei Jahren bei „Wetten dass“ schwer verunglückt und seitdem querschnittsgelähmt im Rollstuhl sitzt

und von schlimmen Schmerzen geplagt ist. In einer Notiz zum Weihnachtsfest schrieb er:

„Mir ist nur eines wichtig: Dass Gott an Weihnachten Mensch wurde und sich in unsere Nöte, Abgründe und Schmerzen hineinbegab."

Liebe Gemeinde, es ist Glück, wenn wir Jesus kennen; mehr noch, wenn wir ihm vertrauen. Darum könnte es hilfreich sein, wenn wir zu den Vorsätzen, die wir für dieses Jahr gefasst haben, noch den hinzunehmen:

Die Zeitfresser immer wieder einmal ausschalten und an Gott denken, beten; am Sonntag den Gottesdienst besuchen, die Bibel wieder einmal hervorholen und drin lesen. Wer weiß, vielleicht wird dann die Jahreslosung auch unsere Erfahrung und unser Bekenntnis: „Gott nahe zu sein, das ist mein Glück!" Und zwar an Tagen, in denen wir von Glückshormonen durchzogen sind, in denen alles nach Wunsch läuft und wir die ganze Welt umarmen könnten; und auch in den schweren Tagen unseres Lebens; erst recht auch am Ende eines Lebens.

Gott, Jesus, mein und Dein Glück! Wenn ja, zum Glück! AMEN!

Vorbilder im Glauben – Hebr. 11,8-10 16.03.2014

Geschichte

Hoch über dem Marktplatz einer kleinen Stadt hat ein Seiltänzer sein Seil gespannt und macht dort oben atemberaubende Kunststücke. Das sieht gefährlich aus, was der Seiltänzer da oben in schwindelnder Höhe macht. Viele Zuschauer blicken nach oben. Sie trauen ihren Augen nicht. Jetzt holt er auch noch einen Schubkarren und fragt einen der Zuschauer unten: „Du mit dem blauen Hemd, sag mal, traust Du mir zu, dass ich die Karre über das Seil schiebe?“

„Na klar“, antwortet der Mann. Und die anderen Zuschauer rufen auch „Ja, klar doch!“ „Würden Sie sich dann meiner Geschicklichkeit anvertrauen, sich in den Schubkarren setzen und sich dann von mir über das Seil fahren lassen?“ fragt der Seiltänzer weiter.......Jetzt werden alle still. Bedenkliche Mienen. Keiner sagt mehr etwas. Davor haben sie Angst. Nein, das trauen sie weder sich noch ihm zu.......

“Was? Das kann jetzt aber nicht sein. Keiner, der es wagt?“ ruft der Seiltänzer enttäuscht nach unten. Plötzlich meldet sich ein etwa sechsjähriger Junge. „Ich setze mich rein!“, ruft er von unten nach oben.

Schnell verschwindet er im Haus und wenige Sekunden später steht er am Fenster im dritten Stock. Unten ist es mucksmäuschen still. Alle schauen nach oben, was jetzt passiert..... Der Junge setzt sich in den Schubkarren. Alle halten die Luft an. Der Seiltänzer schiebt das Kind im Karren über das Seil. Und… es passiert nichts. Es hat geklappt! Gott sei Dank! Alle klatschen begeistert Beifall. Wem hat der wohl gegolten? Dem Jungen, der sich getraut hat oder dem Seiltänzer, der es geschafft hat? Was meint ihr?....

Jedenfalls, einer der Zuschauer fragt den Jungen: „Sag, hast du keine Angst gehabt, da oben?“ „Nein, warum auch?“ lacht der „Es ist doch mein Papa, der mich über das Seil geschoben hat.“

Wer von Euch Kindern hätte sich in die Schubkarre gesetzt?.....
Der Junge in der Geschichte hat sich nur deshalb in die Karre gesetzt, weil sein Papa ihn über das Seil balancierte. Und, seinen Papa, den kannte er, dem vertraute er, von dem wusste er, dass der das kann. So ist das auch mit dem Glauben. Wir dürfen ja zu Gott „Papa“ sagen.
Er will wie ein guter Vater zu uns sein. Und je besser wir ihn kennen lernen, je mehr Geschichten ihr über Gott und Jesus hört, desto mehr erfahrt ihr, wie gut Gott ist, und wie gut es ist, wenn wir ihm vertrauen.
Das braucht ein bisschen Mut. Das macht aber auch mutig und stark!

Liebe Gemeinde,
positive Vorbilder sind wichtig. Das wünschen wir uns - auch für unsere Kinder und Enkelkinder. Vorbilder können motivieren. So hat etwa ein Profifußballer oder exzellente Musiker schon so manchen jungen Leuten den Anstoß gegeben, leidenschaftlicher zu trainieren und zu üben. Auch, wenn dann keine Spitzenleistungen herauskommen. Selbst aktiv zu werden ist allemal besser als nur vor dem Fernseher oder Smart-Phone abzuhängen.
Wie ist das mit unserem Glauben? Haben wir da auch Vorbilder? Frauen und Männer, von denen wir sagen: „So möchte ich auch auf Gott vertrauen? Solche Erfahrungen mit Gott möchte ich auch gerne machen?

Im Hebräerbrief werden in Kapitel 11 gleich mehrere Vorbilder des Glaubens genannt. Heute geht es im Speziellen um Abraham. In der

Bibel wird er auch der „Vater der Gläubigen“ genannt.. Ich lese die Verse 8-10:

„Im Vertrauen gehorchte Abraham, als Gott ihn rief. Er brach auf in das Land, das er als Erbbesitz bekommen sollte und verließ seine Heimat ohne zu wissen, wohin er kommen würde. Sein Glaube gab ihm die Kraft, als Fremdling im Land der Verheißung zu wohnen, in Zelten mit Isaak und Jakob. Denn er wartete auf die Stadt mit festen Fundamenten, die Gott selbst entworfen und gebaut hat.“

Liebe Gemeinde,
ursprünglich diente Abraham in Ur, im heutigen Irak, fremden Göttern - so lange bis er die Stimme Gottes hörte: „Komm da heraus!“ Und Abrahams Größe bestand darin, dass er dem Gott glaubte, dem vertraute, der sich ihm geoffenbart hatte. Im Wesentlichen sind es drei Dinge, die Abrahams Glauben als vorbildlich auszeichnen.

1.Gott spricht und Abraham weiß, dass es der lebendige Gott ist, der zu ihm redet und er weiß auch, dass er ganz persönlich von Gott gemeint ist: *„Geh aus deinem Vaterland und von deiner Verwandtschaft und von deines Vaters Haus in ein Land, das ich dir zeigen werde und ich will dich zu einem großen Volk machen und will dich segnen.“*
Liebe Gemeinde, Gott spricht auch heute noch – sonst wären Sie alle nicht hier. Nur meine Worte oder nur historische Fakten zu hören, da würde es sich nicht lohnen, sonntagmorgens aufzustehen und hierher zu kommen. Wir haben es da heute auch wesentlich einfacher als Abraham. Gott hat sich ein paar tausend Jahre später der ganzen Welt geoffenbart in seinem Sohn Jesus Christus. Das Kreuz ist sichtbares Zeichen dafür. Und Gottes Stimme hören wir vor allem, wenn wir auf die

Worte der Bibel hören. Wie oft dachten wir schon beim Lesen der Tageslosung: Das passt ja genau in meine Situation. Erst gestern: *„Mein Leib und meine Seele freuen sich in dem lebendigen Gott!“* Wie haben mich diese Worte angesprochen meine Gedanken wieder zurecht gerückt und mich froh gemacht! Tagtäglich dürfen wir gespannt sein, was Gott mir sagen will in meine Fragen und Sorgen hinein, in meine Planungen, in mein Tun und Lassen. Freilich, erlebe ich dabei, dass das mit dem Hören auf Gottes Stimme gar nicht so leicht ist. Denn so Vieles strömt auf uns ein. Stille Momente, die müssen wir uns manchmal richtig erkämpfen. Vielleicht gelingt es uns in dieser Passionszeit, einmal am Tag bewusst eine Zeit mit der Bibel einzuräumen, um auf Gottes Stimme zu hören.

2. Nur wer Gottes Stimme hört, kann Gott gehorchen.

Das Wort „gehorchen“ ist heutzutage meist negativ besetzt. Jeder will selbst das tun und lassen, was er für richtig hält. Wie gut aber, wenn ein Kind gelernt hat zu hören und zu gehorchen – nicht jedem, aber den Menschen, die es kennt und gut mit ihm meinen. Gehorchen – das ist eine Frage des Vertrauens. Ich denke nochmals an den Hochseilakrobaten. Ihn zu bewundern und zu glauben, dass er die Nummer mit dem Schubkarren beherrscht, das ist das eine. Sich hineinzusetzen, das ist das andere. Erst, wenn ich das tue, zeige ich mein Vertrauen. Wenn ich mich nicht hineinsetze, erweist sich all mein Reden und meine Bewunderung als hohl und bedeutungslos. Nach Meinungsumfragen glauben 95% an Gott – an welchen auch immer. Genau genommen, will Gott gar nicht, dass wir <u>an</u> ihn glauben, sondern, dass wir ihm glauben; dass wir ihm vertrauen in jeder Lebenslage und unser Leben mit ihm leben. Und da wird es so richtig spannend.

Auch, wenn Gott gewiss nicht von jedem von uns will, dass wir unser Haus verlassen und unsere Beziehungen aufgeben - an der Aufforderung Gottes an Abraham knappere ich trotzdem herum: *„Geh aus deinem Vaterland in ein Land, das ich dir zeigen werde."*
Ich merke nämlich, wie sehr wir Christen – ich eingeschlossen -uns hier eingerichtet haben. Wir hängen an unserem Haus und unserer Heimat. Wir hängen fest. Hand hoch - wer von uns wäre freiwillig bereit, seine „Komfortzone" zu verlassen und als Fremdling irgendwo zu leben? Hätten wir da nicht tausend Ausreden? Vielleicht will Gott uns heute sagen: Hängt doch nicht so fest an irdischen und materiellen Dingen – nur so viel, dass Du jederzeit bereit bist, loszulassen und aufzubrechen, wenn Gott es will.
Aufzubrechen – das kann ganz unterschiedlich aussehen:
Vielleicht heißt aufzubrechen, gewisse Standpunkte aufzugeben, ein gewisses Denken über jemand anderes und ihn mit Augen der Liebe zu sehen, ihm die Hand zur Versöhnung entgegenstrecken; aufzubrechen aus einem Umfeld, das mir nicht gut tut; etwas ganz Bestimmtes sein lassen; aufzubrechen von einem geizigen zu einem großzügigen und teilenden Lebensstil; aufzubrechen zur Mitarbeit in unserer Gemeinde. Da brauchen wir an so vielen Stellen Menschen, die bereit sind, ihre Gaben und ihren Glauben einzubringen; aufzubrechen zur ganz bewussten Nachfolge Jesu. Er fragt uns in diesen Passionstagen: Für wen hältst du mich? Wenn ich für dich der Christus, der Gesalbte Gottes, bin, dann folge mir nach!

3. Abraham hat bei allem Aufbruch ein Ziel vor Augen – ein neues Land. Bis dahin ist er unterwegs und wohnt nur in einem „Zelt". Denn er wartete auf die Stadt mit festen Fundamenten, die Gott selbst entworfen und gebaut hat. Viele Menschen lassen es sich genügen, bei einiger-

maßen guter Gesundheit ein hohes Alter zu erreichen. Aber kann das alles sein, liebe Gemeinde?
„Zelt“ das bezeichnet in der Bibel immer eine vorläufige Behausung. *„Weil wir hier keine bleibende Stadt haben*“, darum ist es gut, wenn wir uns hier so einrichten, dass wir jederzeit aufbrechen und loslassen können. Wir sind hier nur auf der Durchreise. Das eröffnet eine große Freiheit. Wer von der Ewigkeit her lebt, der muss den Sinn nicht mehr in den vergänglichen Dingen suchen, müssen uns nicht abstrampeln auf der Jagd nach Besitz und Glück. Wir gehen einem großen Ziel entgegen: Dem ewigen Zuhause bei Gott.

Und noch ein 4. und Letztes.
Abraham und alle in der Bibel erwähnten Vorbilder hatten auch ihre Schwachstellen im Glauben – Zweifel und Kleinglaube eingeschlossen - und trotzdem hat Gott mit ihnen Geschichte geschrieben. Das darf auch uns entlasten und ermutigen, auf Gottes Stimme zu hören, das zu tun, was er mir sagt, auch Neues zu wagen. Und, wenn wir fallen, dann stehen wir wieder auf und glauben weiter bis wir in der neuen, unvergänglichen, ewigen Stadt zuhause angelangt sein werden. Ja, es stimmt: „Wer´s glaubt, wird selig!“ AMEN!

Ein Mann am Ende – 1.Kön 19,1-8 23.03.2014

Liebe Gemeinde,

erinnern Sie sich? Letzten Sonntag ging es um Abraham, den Vater des Glaubens, wie er die Stimme Gottes hörte und mit seinem ganzen Mut aufbrach in das Land der Verheißung.

Heute geht es um Elia. Ein Mann, der – in Anknüpfung an letzten Sonntag - sich in den Schubkarren gesetzt hat; ein Mann, der im Vertrauen auf Gott alles gegeben hat und alles gewagt hat. Ein großer Streiter war er für seinen Gott. Sein Name war Programm. Elia heißt nämlich: „Mein Gott ist der Herr!" Mit Feuereifer stritt er auf dem Berg Karmel mit Baalspriestern. In einem blutigen Gemenge tötete er sie, als sie von ihrer Abgötterei nicht abließen, obwohl sich doch der Gott Abrahams als der lebendige Gott erwiesen hatte. Grausig! Für uns eine Stelle der Bibel, die wir nicht so recht verstehen. Auf jeden Fall: Elia war ein Mann der Tat; ein Macher würden wir heute sagen; ein Kämpfertyp, auch ein Kämpfer für Gott:

„Herr, Gott Abrahams, Isaaks und Israel, heute soll man erkennen, dass du Gott bist in Israel"(1.Kön18,36), so betete er und rief es als sein Programm immer wieder aus. Doch, wenn wir uns dieses Bild ansehen, dann sehen wir darauf einen ganz anderen Elia. Manche von uns werden dieses Bild von Marc Chagall kennen. Er hat es kurz vor seinem Tod als über 90-Jähriger als Glasfenster im Mainzer Dom gestaltet. Die Körperhaltung und das düstere blau-violett zeigen, wie es in Elias Innerem aussieht:

Der Gottesmann in sich zusammengesunken - am Ende – jeglicher Lebensfreude und Kraft beraubt – Burnout, tiefste Depression – nur noch der Wunsch: Keine Verantwortung mehr zu haben, nur noch schlafen, gar nicht mehr da sein, sterben. Liebe Gemeinde, ein und derselbe Mensch: Der Kämpfertyp und das zusammengekauerte Häuflein Elend. In der Bibel heißt es in 1.Kön 19,3-4a:

„Da fürchtete sich Elia, machte sich auf und lief um sein Leben und kam nach Beerscheba und ließ seinen Diener dort. Er aber ging hin in die Wüste und kam und setzte sich unter einen Wacholder und wünschte sich zu sterben."

Den Strauch, unter den er sich setzt, sehen wir an der linken Bildseite. Chagall hat ihn etwas heller gemalt. Es ist das einzige, das Elia noch bleibt. Allein, von allen Lebensgeistern verlassen, kauert er unter diesem Strauch in der Wüste. Und Elia betet, aber ganz anders als wir es bisher von ihm kennen: *„Nun ist es genug, Herr. Nimm mein Leben, denn ich bin nicht besser als meine Väter." (1.Kön 19,4b)*
Es scheint vorbei zu sein mit dem Lob Gottes und seinem Kämpfen für ihn. Er hat keine Kraft mehr. Elia ist zerbrochen.

Liebe Gemeinde, wahrscheinlich weiß jeder von uns um dunkle und kraftlose Stunden oder kennt Menschen mit dieser Eliasmüdigkeit. Da ist niemand davor gefeit. Und das kann ganz schnell gehen, dass es einem den Boden unter den Füßen wegzieht. Das kann verschiedene Ursachen haben:
-da gibt es manches, das über unsere Kräfte geht;
-da gibt es Verlusterfahrungen, die das Leben erschüttern;
-da gibt es die Erfahrung „Ich komme nicht mehr mit. Alles geht so schnell;
-da gibt es Sorgen, die die Übermacht gewinnen;
-da ist der eigene Anspruch, besser sein zu wollen als die andern;

-da plagt einen das Gewissen, über´s Ziel hinausgeschossen zu sein; Alles mögliche Ursachen für Eliasmüdigkeit! Was hilft? Was hilft gegen die Eliasmüdigkeit?
In aktuellen Zeitschriften wird alles Mögliche empfohlen. Vom „Zwing Dich halt" - über den heilversprechenden Schokoriegel bis zum „Mach nur noch, was dir gut tut"... Und alles wird wieder gut.
Schauen wir heute, wie Gott mit dem erschöpften Elia umgeht?
Die Hilfe fängt damit an, dass Elia offen zugibt: „Ich kann nicht mehr!" Nur so kann ihm geholfen werden. Und dann schläft Elia erst einmal. Gott gibt ihm kein Aufputschmittel. Elia darf erst einmal ausgiebig schlafen. Wahrscheinlich wäre er von alleine gar nicht mehr aufgestanden. Zu groß war seine Müdigkeit, seine Glaubensmüdigkeit! Da braucht es einen Engel, einen Boten Gottes.
Bei Chagall kommt er mit jugendlicher Vitalität daher, in sonnigem Gelb gemalt. Die Farbe kündet an, woher er kommt – nämlich aus dem himmlischen Bereich. Mit mütterlichem Blick schaut er Elia an und hält Stärkung bereit. Ich lese weiter im biblischen Bericht 1.Kön 19, 5-7:

„Und Elia legte sich hin und schlief unter dem Wacholder. Und siehe ein Engel rührte ihn an und sprach zu ihm: Steh auf und iss! Und er sah sich um und siehe, zu seinen Häupten lag ein geröstetes Brot und ein Krug mit Wasser. Und als er gegessen und getrunken hatte, legte er sich wieder schlafen. Und der Engel des Herrn kam zum zweiten Mal wieder und rührte ihn an und sprach: Steh auf und iss! Denn du hast einen weiten Weg vor dir."

Rechts unten in der Bildecke sehen wir die Stärkung, die Gott dem Elia zukommen lässt: einen Krug Wasser.

„Steh auf und iss!“ Gott sagt nicht „Auf, jetzt hast du genug geschlafen. Die Arbeit wartet auf dich!“ Gott will den Elia erst noch stärken mit Wasser und Brot. Vollwertkost. Ich denke, dass wir das in zweierlei Hinsicht sehen dürfen: Gott will, dass wir körperlich keinen Mangel haben - und auch nicht geistlich. Darum brauchen wir auch immer wieder die Gaben im Abendmahl, Brot und Wein mit den Worten: *„Nimm und iss vom Brot des Lebens und trink vom Kelch des Heils!“*
Engel, die uns helfen, unser Leben zu meistern, das sind selten Engel mit Flügeln. Sie kommen zu uns in Menschengestalt. Das kann ein Arzt oder Therapeut sein. Ungerufen und unerwartet kann aber auch der Nachbar oder gar ein Unbekannter zum Engel werden.
Als ich bei einer meiner Radtouren kurz vor Dresden war – es war schon spät abends und ich hatte immer noch kein Quartier da fragte ich eine Frau, die mir gerade auch mit einem Fahrrad begegnete nach einer Übernachtungsmöglichkeit. Bevor sie mir lange erklärte, begleitete sie mich in einen Ort, den ich nur mit einer Beschreibung nie gefunden hätte. Sie fuhr mit mir etwa fünf Kilometer, dann zeigte sie mir nur ein Schild, auf dem stand „Zimmer frei“ und im Nu war sie wieder verschwunden. Ich konnte ihr nur noch hinterher rufen: Sie waren für mich ein Engel!“
Oder ich denke an den katholischen Krankenhausseelsorger, der vor neun Jahren zu mir kam, als ich verzagt auf eine weitere Operation wartete und er mich salbte mit Worten aus Psalm 91.
Wo haben Sie schon einmal einen Engel erlebt? Und, wann will Gott Dich als Engel gebrauchen?

Zurück zu Elia. Erst dann, nachdem er körperlich und geistlich gestärkt und aufgerichtet ist, erhält er eine neue Zielangabe: *„Und er stand auf* *und aß und trank und ging durch die Kraft der Speise 40 Tage und 40 Nächte bis zu dem Berg Gottes, dem Horeb."*

Zwischen den beiden Bergen, dem Karmel und dem Horeb - beides Berge, auf denen sich Gott in besonderer Weise geoffenbart hat - liegt die Wüste. Elia muss durch die Wüste. Gott erspart ihm diesen Weg nicht. Ich vermute, dass das bis heute so geblieben ist, dass Gott seinen Leuten Durststrecken, Wüstenzeiten zumutet. Denken wir an Jesus, den Sohn Gottes. Auch er musste durch die Wüste gehen und musste sich hinaufquälen auf den Berg Golgatha. Damit niemand sagen kann: „Da ist niemand, der mich verstehen und der mir helfen kann!"

Es ist wohl meine eigene Interpretation:

Ich sehe auf Chagalls Bild auch ein Kreuz. Ein Kreuz, das die Pläne und Wünsche Elias durchkreuzt und das Kreuz Jesu, das den niedergeschlagenen Elia wieder mit dem Himmel verbindet.

Ich komme zum Schluss und fasse zusammen:

Wir können an vielen Symptomen des Ausgebranntseins herumdoktern. Tipps gibt es jede Menge. Was Du aber nicht kannst, ist, Dich an den eigenen Haaren aus dem Sumpf ziehen. Das Ermutigende an der Eliageschichte ist:

Elia erlebte in der dunkelsten Stunde seines Lebens, dass sein Name nicht nur heißt: „Mein Gott ist der Herr", sondern auch dass sein Gott auch ein "Gott für Elia" ist. Der große machtvolle Gott auf dem Karmel kommt ihm in seiner Zerbrochenheit nahe, richtet ihn wieder auf, führt ihn aus der Wüste und Einsamkeit heraus, so dass Elia in der Kraft Gottes weitergehen darf mit einem neuen Auftrag. Was für ein barmherziger Umgang Gottes mit uns Menschen! Wenn wir am Ende sind, ist Gott noch lange nicht mit uns am Ende! Gott sei Dank und AMEN!

Herausfordernde Nachfolge - Joh 12, 20-26 22.03.09

Liebe Gemeinde,
bei diesem herrlichen Wetter - wen juckt es da nicht, im Garten zu arbeiten – zu pflanzen, Bohnen oder Kartoffel zu stecken und zu säen?! In der Hoffnung freilich, dass das Saatgut keimt und aufgeht, wächst und wir nach einigen Wochen oder Monaten ernten dürfen.
Für mich ist es immer wieder faszinierend zu sehen, wie aus einem Korn, das in die Erde gelegt wird, im Sommer eine Ähre mit 40 oder 50 Körnern geerntet werden kann. Allerdings, das Korn muss in die dunkle Erde, nur dann bringt es Frucht. Nur durch`s Sterben bringt es Frucht. Dieses Gesetz des Samenkorns wandte Jesus auch auf seinen Lebensweg an und nicht nur auf seinen.
Hören wir den Predigttext aus Joh 12, 20-26

„20 Es waren aber etliche Griechen unter denen, die hinaufgekommen waren, dass sie anbeten auf dem Fest. 21 Die traten zu7 Philippus, der von Bethsaida aus Galiläa war, baten ihn und sprachen: Herr, wir wollten Jesus gerne sehen. 22 Philippus kommt und sagt`s Andreas, und Philippus und Andreas sagten`s Jesus weiter. 23 Jesus aber antwortete ihnen und sprach: Die Zeit ist gekommen, dass des Menschen Sohn verherrlicht werde. 24 Wahrlich, wahrlich, ich sage euch: Wenn das Weizenkorn nicht in die Erde fällt und erstirbt, so bleibt`s allein; wenn es aber erstirbt, so bringt es viel Frucht. 25 Wer sein Leben lieb hat, der wird`s verlieren; und wer sein Leben auf dieser Welt hasset, der wird`s erhalten zum ewigen Leben. 26 Wer mir dienen will, der folge mir nach; und wo ich bin, da soll mein Diener auch sein. Und wer mir dienen wird, den wird mein Vater ehren."

Liebe Gemeinde, stellen wir uns vor:

Mehrere hunderttausend Menschen sind von überall her nach Jerusalem gekommen zum Passahfest. Darunter auch eine heidnisch-griechische Reisegruppe – wissbegierig, vom Bildungsideal des griechischen Philosophen Sokrates durchdrungen. Diese Leute wollen nicht nur den Tempelberg und das Gebäude der Hohenpriester sehen. *„Wir wollen Jesus gerne sehen!“* Was für ein toller Wunsch! Daheim haben sie schon von ihm gehört; von seinem triumphalen Einzug in die Stadt; von seinen Predigten und Wundern; davon, dass er mehr Einfluss auf Menschen hat als alle Könige, Feldherren und Gelehrte der Antike. Diesen Jesus wollen sie einmal von Angesicht zu Angesicht sehen. Wahrscheinlich haben sie sich einen Mann mit einer tollen Robe vorgestellt. Vielleicht aber, wer weiß, hatte Jesus noch die Schürze an von der Fußwaschung? Vielleicht haben sie sich einen Mann mit Zepter und Goldkrone vorgestellt mit den Insignien der Macht und des Reichtums?.... Wir wissen welch jämmerliches Bild Jesus wenige Stunden später abgibt , als er wie ein Lastesel unter dem Kreuz zusammenbricht, als er fast nackt, mit zerschundenem Körper, von fast allen verlassen, am Kreuz stirbt.

Wie es der Zufall will, gerät die griechische Reisegruppe an den griechisch sprechenden Jünger Philippus und tragen dem ihren Wunsch vor: *„Wir wollten gern Jesus sehen*! „ Philippus und sein Freund Andreas schauen, was sich machen lässt. Es dauert nicht lange, da gesellt sich Jesus dazu. Seine Worte scheinen die Erwartungen zu bestätigen:

„Die Stunde ist gekommen“, sagt er. Aber, was er dann sagt, geht in eine völlig andere Richtung. *„Ein Weizenkorn muss in die Erde ausgesät werden. Wenn es dort nicht stirbt, wird es allein bleiben. Wenn es aber erstirbt, wird es viel Frucht bringen! Wer sein Leben in dieser Welt liebt, wird es verlieren. Wer sein Leben in dieser Welt gering achtet, wird es*

zum ewigen Leben bewahren." Jesus wendet das Bild direkt auf sich an. Er ist das Weizenkorn, das sterben muss, das „beerdigt" werden muss, damit etwas neu werden kann. Nur im Leiden und Sterben findet er zu seiner Bestimmung. Wenn nicht, dann wäre er zu bestaunen. Aber er bliebe allein und hätte keinen gerettet. Ohne seinen Tod gäbe es keine Erlösung von unseren Sünden, kein neues Leben, keine Auferstehung. Kein Mensch würde das neue Jerusalem, die Herrlichkeit Gottes sehen. Vermutlich hat die griechische Reisegruppe nichts verstanden. Ihre Gottesvorstellung sah ganz anders aus. Da war Gott ein unpersönliches geistiges Gebilde, über alle Dinge erhaben. Und jetzt dies! Und noch ein paar Stunden später:

Gott am Kreuz. Verherrlichung in der Ohnmacht und Tiefe! Eine ungeheure Botschaft für die Griechen. Und nicht nur für sie. Gott im Leiden, das ist bis heute auch für uns schwierig zu verstehen. Jedes Unrecht, jeder frühe Tod werfen doch bei uns Menschen immer wieder die Frage auf: Wo ist Gott? Wie kann er so etwas zulassen, wenn er doch allmächtig und voller Liebe ist?

Hier, im Johannes Evangelium, wird der Tod Jesu und die Herrlichkeit Gottes zusammengebracht „Die Zeit ist gekommen, dass der Sohn Gottes verherrlicht werde!" Der Tod ist der konsequente Weg der Liebe.

Das Kreuz bringt die Erhöhung und Verherrlichung durch Gott.

Wer Jesus also sehen möchte, der darf vor dem Kreuz Jesu nicht die Augen verschließen. Auch, wenn das Kreuz Jesu im Koran geleugnet wird und das Kreuz Jesu für die Weisen und Klugen dieser Welt „ein Skandal, ein Anstoß, eine Torheit ist, für die, die an Jesus glauben, ist es eine Gotteskraft; ist es der einzige Weg zu Gott und zum ewigen Leben. Ostern ohne Karfreitag gibt es nicht.

Ein Zweites:

Wer Jesus sehen will, der wird ihm auch zuhören. Jesus sagt der Reisegruppe aus Griechenland unmissverständlich:
Fans und Bewunderer oder Verehrer brauche ich nicht. Ich habe ein anderes Programm: *„Wer mein Jünger sein will, muss sich aufmachen und mir nachfolgen, denn mein Diener wird da sein, wo ich bin.“* D.h. Nachfolger, Jünger Jesu, sollen bereit sein, ihm zu dienen und das wird immer auch bedeuten, eigene Wünsche zurücknehmen zugunsten anderer, freiwillig zu verzichten - um Jesu willen.
D. Bonhoeffer hat einmal gesagt:
„Die Gemeinde braucht nicht glänzende Persönlichkeiten, sondern treue Diener.“ Menschen, die nicht darauf bedacht sind, immer mehr zu verdienen, sondern bereit sind, andern mit ihren Gaben zu dienen. Die einen mit ihren finanziellen Möglichkeiten, die andern mit ihrer Zeit, mit ihren Fähigkeiten, mit ihrer Liebe.
Es kann sich äußern im Mühen um ein schwieriges oder behindertes Kind, um die Pflege eines Angehörigen; um die Bereitschaft, mitzuhelfen dort, wo ich bin. Der berühmte Schauspieler Karlheinz Böhm gab seine Schauspielkarriere auf zugunsten einer großen Hilfsaktion für arme Menschen in Äthiopien. Andere lassen alles zurück und gehen in die Mission. Nachfolger Jesu sind Diener! Haben Sie, hast Du schon den Platz gefunden, an dem Jesus Dich in Dienst nehmen will?
Wir merken, Nachfolge ist mehr als einen Gott über sich zu wissen, der ein Auge auf uns wirft und uns und unsere Familie behütet. Nachfolge meint Dienen und meint Hingabe!

Damit bin ich beim Dritten angelangt.
Damals und heute klingen die Worte Jesu nicht besonders einladend: *„Wer sein Leben lieb hat, der wird`s verlieren; und wer sein Leben auf dieser Welt hasst, der wird`s erhalten zum ewigen Leben.“*

„Das Leben hassen" – was ist das für eine harte Sprache? Was ist damit gemeint? Ich kann mir nicht vorstellen, dass Jesus etwas dagegen hat, wenn wir gerne hier leben; wenn wir uns an vielen schönen Dingen des Lebens freuen; wenn wir uns nach der Arbeit immer wieder entspannen und uns Gutes tun. Solche Stunden brauchen wir! Was Jesus nicht will, ist, so zu leben, als wäre das Leben hier und jetzt schon alles. Denn das führt dazu, dass einer alles rausholen muss, was zu holen ist ohne Rücksicht auf Verluste. Das wäre gottlos.
Das Wort „hassen" umschreibt die Schroffheit, die Jesus uns zumutet im Umgang mit eigenen gottlosen Wünschen und Neigungen. *„Das Leben hassen"* kann heißen, einzuwilligen in das Sterben eines geliebten Menschen; kann heißen, eine Krankheit oder Grenzen bewusst anzunehmen von Gott. Das *„Leben hassen*" wird im Alltag für jeden relevant – an unterschiedlichen Stellen. Ich denke jetzt nur an das 3.Gebot. *„Du sollst den Feiertag heiligen*!"
Eigentlich, ist es nicht so, dass ihr Konfirmanden am Sonntag einmal ausschlafen wollt? Andere wollen ihrem Hobby schon am Sonntagmorgen nachgehen, z.B. Fußball spielen oder joggen; andere meinen, auch am Sonntagvormittag lernen zu müssen; oder auch am Sonntag noch arbeiten zu müssen, um noch mehr Geld zu verdienen. All das, was uns abhält, in den Gottesdienst zu gehen, das meint Jesus mit dem Wort „hassen" oder mit dem Wort „Selbstverleugnung", wie wir es in der Schriftlesung (Lk 9,57-62) gehört haben. Wir ehren Gott am allermeisten dadurch, indem wir ihm ganz bewusst den ersten Platz einräumen am Sonntag und am Werktag!
Bei allem, was Jesus sagt oder tut, geht es einzig darum, dass sein Leben, Leiden und Sterben Frucht bringt; dass wir nicht achtlos daran vorübergehen, sondern die Versöhnung mit Gott ergreifen, so dass wir das ewige Leben gewinnen. Das Schlimmste wäre nämlich, dass Jesus

umsonst für uns gestorben wäre. Wer aber dies dankbar im Glauben ergreift, daraus kann dann auch ein Lebensstil der Hingabe erwachsen. Hingabe – das ist auch ein Wort, das fast verloren gegangen ist. Es ist und bleibt aber ein geistliches Geheimnis: „Was wir behalten wollen, das müssen wir weitergeben!“ Wer immer nur alles für sich behält oder sich immer nur schont, der verkümmert.

Wie sagte die Blume:

„Mein Honig und Blütenstaub gehören mir und keinem andern und ließ weder Biene noch Schmetterling davon naschen. Dafür welkte sie ziemlich ziel- und zwecklos dahin und starb ohne Frucht und Samen.“

Ich komme zum Schluss.

Die Reisegruppe ist nach der Audienz mit Jesus spurlos verschwunden. Für sie ist es wohl keine Sternstunde geworden. Und für Euch, liebe Gemeinde?

Ich wünschte, Jesus hätte Euch seine Worte selbst erklärt oder vielleicht wäre es besser gewesen, ich hätte gar nicht darüber gepredigt. Aber das eine gilt:

Wer *„Jesus sehen will“*, kommt um das Kreuz nicht herum und nicht um den Anspruch, Jesus nachzufolgen und ihm zu dienen. Nicht aus Pflicht, sondern aus Dankbarkeit. Es lohnt sich auch. Denn am Ende, wenn Jesus uns dann sieht und wir ihn sehen werden von Angesicht zu Angesicht, dann werden wir neben Jesus stehen und von Gott selbst geehrt werden. Wofür? *„Wer mir nachfolgen wird und mir dienen wird, sagt Jesus, den wird mein Vater ehren!“* So sei es! AMEN!

Durchhalten, auch wenn es schwer fällt - Hebr.12,1-3

13.04.2014

Geschichte

Wilma kommt 1940 Frühchen auf die Welt. Sie wiegt nicht einmal 2 Kg und hat noch viele Geschwister. Als 20. von 22 Kindern kam sie in Tennesee/USA zur Welt. Ihr Vater ist ein einfacher Arbeiter und ihre Mutter arbeitet als Hausmädchen bei weißen Familien. Die Familie ist arm. Aber die Eltern glauben an Gott und sie finden in der christlichen Gemeinde Unterstützung. Wilma ist ein besonderes Kind. Als kränkelndes Frühchen mit nur 2 kg kommt sie auf die Welt. Als Wilma vier Jahre alt ist, erkrankt sie an Kinderlähmung. Die Ärzte erklären der Mutter, dass Wilma niemals richtig laufen können wird. „Doch meine Tochter wird laufen“, denkt die Mutter. Sie fährt mit Wilma weit weg in eine andere Stadt zu einem Spezialisten. „Wenn Wilmas Bein täglich massiert würde, könnte es nach einigen Jahren eine Besserung geben“, erklärt der Arzt Frau Rudolph. Eine freundliche Therapeutin erklärt der Mutter genau, wie sie Wilma am besten helfen kann. Wenn Frau Rudolph abends von ihrer Arbeit nach Hause kommt und alle satt und versorgt sind, setzt sie sich zu ihrer Jüngsten und massiert das kranke Bein – so wie es ihr gezeigt wurde und einmal in der Woche fahren Mutter und Tochter ins Krankenhaus zu einer zusätzlichen Wärme- und Wasserbehandlung. Ein Jahr ist vorbei und der Arzt sagt: „Es tut mir leid. Die Muskeln sind immer noch im selben Zustand wie vor einem Jahr!“ So eine Enttäuschung! Doch Wilmas Mutter gibt nicht auf. „Eines Tages wird Wilma gehen können“, versichert sie dem Arzt. Jetzt werden die Geschwister von Wilma in die Behandlung einbezogen. Jetzt wird sie viermal massiert. Mit sechs Jahren gelingt es Wilma, einige Schritte zu humpeln. Mit acht Jahren bekommt sie eine Stütze für ihr Bein und tatsächlich: Es wird immer besser. „Ich möchte auch so herumspringen

und so spielen können wie die anderen Kinder", seufzt Wilma. „Und in die Schule will ich auch unbedingt!" Wenig später erhält sie einen Spezialschuh mit einer dicken hohen Sohle. Wie glücklich ist sie, dass sie die Stütze nicht mehr braucht und bald kann sie wirklich mit den anderen in die Schule gehen. Und als die Mutter eines Tages von ihrer Arbeit nach Hause kommt, traut sie ihren Augen nicht. Wilma trainiert mit zwei Brüdern Basketball ohne Schuhe. Von diesem Tag an trägt sie ihren Spezialschuh nicht mehr und schon bald gehört sie zu den besten Basketballspielerinnen ihres Ortes. Beim Sportunterricht will der Sportlehrer wissen, wie schnell das Mädchen laufen kann und stoppt die Zeit. Er ist völlig verblüfft. „Das Mädchen muss unbedingt trainieren. Das ist ja ein richtiges Naturtalent!" Wilma Rudolph trainiert jeden Tag. Auch in den Ferien trainiert sie mit anderen. Das ist hart für Wilma. Mehrmals kommt sie an den Punkt, wo sie am liebsten aufgeben würde. Doch, obwohl sie die schlechteste Läuferin von den Mädchen ist, geht sie jeden Morgen wieder an den Start. „Wilma, gib nicht auf. Du wirst bald zu den Besten gehören, wenn Du zu deiner Technik gefunden hast", muntert der Sportlehrer auf. Er trainiert hart mit ihr, gibt ihr viele Tipps und Wilma bleibt dran und gibt nicht auf. Bald gewinnt sie einen Wettlauf nach dem anderen. „Wer weiß, vielleicht wird sie noch eines Tages an den Olympischen Spielen in Rom teilnehmen", prophezeit der Trainer.
Und tatsächlich, dieses Mädchen, das bis zu seinem achten Lebensjahr kaum gehen konnte, fliegt mit 20 Jahren nach Rom und gewinnt dort drei Goldmedaillen im 100 – 200 und 4x100 Sprintstaffel-Lauf und war bis dahin, bis 1960, die erfolgreichste Amerikanerin, die bis dahin an einer Olympiade teilgenommen hat.

Liebe Kinder, dass etwas nicht so läuft, wie wir uns das vorstellen, das kennt auch schon ihr; und dass es manche vielleicht schwerer haben als andere, das ist auch so. Mich fasziniert, dass Wilma und ihre Familie nicht locker ließen; dass sie die Hoffnung nicht aufgegeben haben; dass sie für ihre Hoffnung etwas getan haben. Bestimmt haben sie bei allem Einsatz auch gedacht: Gott kann helfen! Dranbleiben, auch wenn es Mühe kostet. Geduld haben, auch wenn es manchmal nicht weiterzugehen scheint. Das bringt weiter. Zum Glück ist Jesus auch drangeblieben auf seinem schweren Weg zum Kreuz. Was Jesus da erlebt hat, davon werdet ihr in den nächsten Tagen mehr hören.

Liebe Gemeinde, ich möchte beginnen mit einer Frage:
Wie muss für Sie und für Euch das Leben eines vorbildlichen Christen aussehen? Kennen Sie da jemanden? Von dem Sie schwärmen? Vielleicht mit einer Vorzeigebiographie? Dem bisher alles gelungen ist und der Segen Gottes mit Händen zu greifen ist?.........
Wenn die Bibel von Vorbildern oder von Glaubenszeugen spricht - denken wir Abraham oder an Elia oder auch an Petrus oder Thomas - dann gehören dazu immer auch Versagen und Brüche, Zeiten der Mutlosigkeit und Anfechtung.
Der Predigttext für heute aus dem Hebräerbrief ist an solche Menschen gerichtet. Ich lese Hebr.12, 1-3:

„Alle diese Zeugen, die uns wie eine Wolke umgeben, spornen uns an. Darum lasst uns ablegen alles, was uns beschwert, vor allem die Sünde, die uns ständig umstrickt und lasst uns laufen mit Geduld in dem Kampf, der uns verordnet ist. Und aufsehen auf Jesus, den Anfänger und Vollender des Glaubens. Er ist uns auf dem Weg des Glaubens vorausgegangen und bringt uns ans Ziel. Er hat das Kreuz auf sich genommen und die Schande für nichts gehalten und hat sich zur Rechten des Thrones Gottes gesetzt. Denkt daran, welche Anfeindung

er von den sündigen Menschen erdulden musste, damit ihr nicht ermattet und in euren Seelen nicht verzagt!"

Liebe Gemeinde,
wir merken, hier geht es nicht um „höher, weiter, schneller". Hier geht es ums Durchhalten und Dranbleiben; auch Durststrecken, Wüstenzeiten und rauen Wind zu überstehen, „*....damit ihr nicht ermattet und in euren Seelen nicht verzagt.*" Nicht schlappmachen, nicht verzagen - das ist das Anliegen des Schreibers. Wir wären also nicht die ersten, die verzagt sind und denen beinahe die Puste ausgeht auf dem Weg des Glaubens. Schließlich ist der Weg des Glaubens auch nicht nur ein kurzer Sprint, eher ein Marathon. Da braucht es unterwegs Stärkung und Ermutigung!
Ein Blick zurück:
Die Christen im 1.Jahrhundert hatten Vieles auf sich genommen auf ihrem Weg heraus aus der jüdischen Tradition zum christlichen Glauben hin. Ein Aufbruch, der viele Hoffnungen freigesetzt hat, aber auch viel Kraft gekostet hat. Bald schon folgte auf die Begeisterung Ernüchterung, und so wurden sie ungeduldig und gerieten in Gefahr, den Mut sinken zu lassen. Die bange Frage ging unter ihnen um:
Was bringt`s uns eigentlich, dass wir so viel Kraft und Energie eingesetzt haben in Sachen Glauben? Was hat mir das Konfirmandenjahr gebracht, so fragt ihr Konfirmanden Euch vielleicht? Dem Verfasser des Hebräerbriefes ist es wichtig, dass Menschen, die im Glauben einen Anfang gemacht haben oder vielleicht auch schon Jahre lang drinstehen, gar in der Gemeinde mitarbeiten, dass die nicht aufgeben. Auf dreifache Weise macht er Mut:

1.Nicht verzagen, wir sind nicht allein unterwegs.

Liebe Gemeinde, weil unser Glaube nicht ein Standpunkt ist, sondern ein Weg. Wen wundert es, dass der Weg im Laufe eines Lebens über Höhen und tiefe Täler führt, mal geradeaus und mal mit unübersichtlichen Kurven, mal über ausgetrampelte Pfade und mal über einsame Wege. Wie die Wegstrecke gerade auch aussehen mag, wir sind auf diesem Weg nicht allein. So mancher Leistungssportler konnte nach seinem Wettkampf erzählen, dass er von seinen Fans regelrecht „hochgetragen" wurde. Es ist gut, wenn man Menschen um sich hat, die es gut meinen. *„Eine Wolke von Zeugen"* meint noch mehr. Es meint Menschen, die wissen, wovon sie reden, die sich auskennen – speziell hier eben auch in Sachen Glauben. Auf schwierigem Weg kann die Gemeinschaft der Glaubenden, eine Gemeinde, Menschen, die Ähnliches erlebt haben, wichtig sein. Die *„Wolke von Zeugen"*, meint vor allem Menschen, die schon vor uns im Glauben unterwegs waren und das Ziel des Glaubens erreicht haben. So kann es uns helfen, von Menschen zu lesen, die ihren Lebensweg mit Gott gegangen sind – Menschen der Bibel, aber auch Menschen aus Geschichte Gegenwart. Wir dürfen von ihnen lernen. Ihre Glaubenserfahrungen, ihr geistliches Erbe, die Lieder im Gesangbuch. Dies alles kann und soll uns stärken, wenn wir Ermutigung brauchen. Nebenbei, dieses geistliche Erbe gilt es auch weiterzugeben. Probieren Sie es mal aus: Geben Sie mal jemandem ihr Lieblingslied oder ein ihnen wichtiges Gebet weiter. Erzählen Sie ihren Kindern und Enkelkindern die Geschichten von Jesus. Das hinterlässt garantiert Spuren. Wir sind nicht die ersten, die im Glauben unterwegs und nicht allein unterwegs sind.

2. Nicht verzagen, wir dürfen Lasten ablegen.

Im Predigttext wird der Christ mit einem Wettkämpfer verglichen, der sich auf das eine Ziel konzentriert. Darum legt er alles ab, was ihn daran

hindern könnte, dieses Ziel zu erreichen. *„Lasst uns ablegen alles, was uns beschwert und die Sünde, die uns ständig umstrickt*“. Wir dürfen ablegen, was uns das Laufen schwer macht. Dort ablegen, wo der rechte Platz ist für die Lasten unseres Lebens, unter dem Kreuz Jesu. Das kann bei jedem etwas anderes sein... Schönes und Verlockendes oder eine ungute Angewohnheit oder auch Beschwerendes.
Darum, liebe Gemeinde, gibt es die Möglichkeit der Seelsorge und Beichte. Darum feiern wir in den nächsten Tagen auch das AM, dass Menschen frei werden von den Lasten ihres Lebens und etwas erfahren von der „Freiheit der Kinder Gottes“. Wer frei gesprochen ist von Schuld, der kann *„wieder laufen mit Geduld in dem Kampf, der uns bestimmt ist“.*
„Kampf des Glaubens“ das meint unermüdliches Training und auf manche Dinge zu verzichten, die uns als Christen nicht grundsätzlich verboten sind, von denen wir aber merken, dass sie viel zu viel Bedeutung in unserem Leben gewinnen. Gute Sportler verzichten freiwillig auf manches, um das Ziel so gut wie möglich zu erreichen.

3. Nicht den Mut sinken lassen, aufsehen zu Jesus, den Anfänger und Vollender des Glaubens!

Genau übersetzt heißt dies „hinwegblicken“ – auf Jesus hin. Es ist schon so: Was wir anschauen, gewinnt Macht über uns. Ob das schmutzige Bilder sind oder Sorgen und Schwierigkeiten des Alltags. Denken wir an Petrus. Der Blick auf die Wellen, ließ ihn sinken. Der Blick auf zu Jesus ließ ihn über Wasser gehen. Hinwegblicken auf Jesus hin, heißt: nicht mehr gebannt auf das Negative starren wie das Kaninchen auf die Schlange; auch nicht den eigenen Bauchnabel für den Nabel der Welt halten. Das schafft nur eingekrümmte Individuen. Die Befreiung liegt im Wegsehen und Aufsehen auf Jesus. Weit offen sind die Arme des Gekreuzigten. Wer dieses Bild tief in sich aufnimmt, der muss selbst mit

Tränen in den Augen den Kopf nicht hängen lassen. Denn Jesus weiß wie kein anderer, viel mehr als alle Vorbilder und Helfer, was es heißt den Lauf des Glaubens zu meistern. Er ist der beste Trainer. Mit dieser Blickrichtung – auf Jesus – lasst uns in die vor uns liegende Karwoche gehen. So wie auf den Karfreitag Ostern folgt, so wird Jesus auch aus dunklen und schwierigen Wegstrecken herausführen. Er hat es selbst beim Abschied zu seinen Jüngern gesagt: *„Eure Traurigkeit soll in Freude verwandelt werden*!" (Joh 16,20) AMEN!

Erschreckende Fremdheit – Jes 53,1-7 18.04.2014

Liebe Gemeinde,

ich sehe das etwa 10-jährige Mädchen noch vor mir, das mir vor einigen Jahren auf der Salmendinger Kapelle begegnete. Es war oben auf dem Berg, wo vor dem Kirchlein 3 Kreuze stehen. "Papa, sind hier ein paar Leute abgestürzt?, fragt sie. Der Vater wusste keine Antwort. Sie beide konnten mit den Kreuzen nichts anfangen. Eine erschreckende Fremdheit! Gleichzeitig frage ich mich, gibt es nicht auch eine erschreckende Vertrautheit?

Kindergartenkinder, die zum ersten mal in die Kirche kommen, erschrecken beim Anblick des Gekreuzigten hier. Wir halten das Bild Sonntag für Sonntag aus; wohl deshalb, weil es - Gott sei Dank - auch einen Blick „dahinter" gibt; hinter den ans Kreuz Genagelten.

Den Jüngern damals ist es deutlich anders ergangen. Für sie starb an jenem Karfreitag nicht nur Jesus, sondern auch ihr Glaube. Der, auf den sie all ihre Hoffnung setzten - hingerichtet wie ein Verbrecher!? Jesus, wie einer, von dem es in der Schrift heißt: *„Verflucht ist, wer am Kreuz hängt!"?(5.Mose 21,23).* Das machte das Ganze noch schlimmer. Bei den Jüngern tauchten wohl damals bereits auch unsere Fragen auf. Verstehen konnten sie nicht, warum Jesus, der einzig Unschuldige, die grausamste Hinrichtungsart erleiden musste? Ist Gott grausam, wenn er ein Blutopfer braucht, um uns frei zu sprechen? Hat Gott den gewaltsamen Tod von Jesus so gewollt? Und die andern wurden nur wie Marionetten von ihm gebraucht? Aber, ein Gott, der Grausamkeiten vorprogrammiert, ist das der Gott der Bibel?

Worte aus dem Alten Testament, dem sogenannten „Gottesknechtslied", halfen den Jüngern und auch uns zu verstehen.

Ich lese aus Jes 53,1-12:

„1 Aber wer glaubt dem, was uns verkündet wurde, und wem ist der Arm des Herrn offenbart? 2 Er schoss auf vor ihm wie ein Reis und wie eine Wurzel aus dürrem Erdreich. Er hatte keine Gestalt und Hoheit. Wir sahen ihn, aber da war keine Gestalt, die uns gefallen hätte. 3 Er war der Allerverachtetste und Unwerteste, voller Schmerzen und Krankheit. Er war so verachtet, dass man das Angesicht vor ihm verbarg; darum haben wir ihn für nichts geachtet. 4 Fürwahr, er trug unsere Krankheit und lud auf sich unsere Schmerzen. Wir aber hielten ihn für den, der geplagt und von Gott geschlagen und gemartert wäre. 5 Aber er ist um unserer Missetat willen verwundet und um unserer Sünde willen zerschlagen. Die Strafe liegt auf ihm, auf dass wir Frieden hätten, und durch seine Wunden sind wir geheilt. 6 Wir gingen alle in die Irre wie Schafe, ein jeder sah auf seinen Weg. Aber der Herr warf unser aller Sünde auf ihn. 7 Als er gemartert ward, litt er doch willig und tat seinen Mund nicht auf wie ein Lamm, das zur Schlachtbank geführt wird; und wie ein Schaf, das verstummt vor seinem Scherer, tat er seinen Mund nicht auf. 8 Er ist aus Angst und Gericht hinweggenommen. Wer aber kann sein Geschick ermessen?“

Liebe Gemeinde,
erstaunlich, wie genau dieses Lied auf die Passion Jesu zutrifft! Beim Blick hinter die Fassade tut sich eine neue Perspektive tut sich auf, nämlich: Das Leiden und Sterben des Gottesknechts wird nicht als Strafe oder Todesurteil Gottes gesehen. Gerade das Gegenteil gilt: Weil Jesus von Menschen so verachtet und gequält wird, steht Gott für ihn ein. All seine Liebe ist für seinen Sohn entbrannt.
Der Heidelberger Theologe, Klaus Berger, schreibt:

„Gott brauchte die Bosheit der Römer und jüdischen Gelehrten nicht. Er fand sie vor und verwandelt sie ins Gegenteil. Er diktiert nicht insgeheim Mord, sondern er will Leben. Er bindet Vergebung nicht an Gewalt, sondern er antwortet auf Gewalt mit Vergebung. Er vollzieht am Kreuz nicht das Gericht über Jesus, sondern macht ihn zu unserem Anwalt an seinem Thron. Wenn wir das so sehen, liebe Gemeinde, dann begegnet uns selbst im Gekreuzigten noch ein Gott voller Liebe und Erbarmen.

Liebe Gemeinde, ein zweiter Blick hinter das, was wir am Kreuz sehen: Das unschuldige Leiden Jesu hat nur deswegen einen stellvertretenden Charakter, weil Gott entschieden hat, dieses Leiden so zu sehen.
„Fürwahr, er trug unsere Krankheit und lud auf sich unsere Schmerzen und ist um unserer Missetat willen verwundet und um unserer Sünde willen zerschlagen..“ Stellvertretend für uns lässt Jesus sich herausreißen aus den Beziehungen seines Lebens; einsam hängt er geschunden am Kreuz. Dorthin nimmt er unsere Missetaten mit und unser Aufbegehren gegenüber Gott. Stellvertretend stirbt er den Tod der Beziehungslosigkeit, der Trennung von Gott und Menschen. Denn, *„wir gingen alle in die Irre wie Schafe ohne Hirten. Ein jeder sah auf seinen* Weg“; also nur auf das, was mir selbst dient, was mir wichtig ist. Egal, was mein Mitmensch braucht, geschweige denn, was Gott von mir fordert. Dabei ist es beim Propheten Micha klar formuliert: "*Es ist dir gesagt, Mensch, was gut ist und was der Herr von Dir fordert, nämlich: Gottes Wort halten, Liebe üben und demütig sein vor Deinem Gott!"*
Wie schrecklich dieses stellvertretende Sterben am Kreuz gewesen sein muss, gipfelt im Schrei Jesu – Ausdruck tiefster Verlassenheit: *„Mein Gott, mein Gott, warum hast du mich verlassen?“* Doch Gott muss dabei gewesen sein als sein Sohn auf der Schutthalde Jerusalems gekreuzigt wurde, sonst wäre nicht aus Bösem Gutes geworden; aus der

Hinrichtung nicht ein Versöhnungsweg; aus einer menschlich initiierten Notlösung unsere Erlösung. *„Die Strafe liegt auf ihm, auf dass wir Frieden hätten, und durch seine Wunden sind wir geheilt."* Weil wir allein mit unserer Schuld nicht fertig werden, darum hat Gott entschieden, aus dem Kreuz, aus der Hingabe Jesu, einen Brennpunkt seiner Gnade und ewigen Lebens zu machen; für dich und für mich, für uns und alle Welt.
Jesus ist der einzige Weg zu Gott, den wir Christen kennen. Hier, am Kreuz, bietet uns Gott Versöhnung, Gemeinschaft mit ihm und ewiges Leben an. „Für uns", "für mich"! Wer dies annehmen kann im Glauben, der darf nachher beim Abendmahl die Zeichen der Versöhnung empfangen; der darf jetzt schon als befreites Kind Gottes ein Lied singen. AMEN!

Was kommt nach dem Tod? – 1.Kor 15,20-26 20.04.2014

Liebe Ostergemeinde,

Was kommt nach dem Tod? Diese Frage bewegt Menschen zu allen Zeiten. Besonders nach dem Sterben eines geliebten Menschen bricht die Frage auf, zugespitzt: Wo ist der/die Verstorbene jetzt?

Laut einer Umfrage im Jahr 2012 gibt es vor allem drei Auffassungen:

1. Alles ist aus.
2. Es gibt ein Weiterleben als Person
3. Der Mensch geht in irgendeiner Weise im göttlichen Urgrund auf.

Seltsamer Weise hoffen 62%, dass sie im Jenseits wieder lieben Menschen begegnen – darunter auch Menschen, die behaupten, mit dem Tod sei alles aus. Hören wir auf die Botschaft von Ostern:

Lk 24, 1-12:

„Aber am ersten Tag der Woche sehr früh kamen sie zum Grabe und
trugen Spezerei, die sie bereitet hatten. 2 Sie fanden aber den Stein
abgewälzt von dem Grabe 3 und gingen hinein und fanden den Leib des
Herrn Jesus nicht. 4 Und da sie darum bekümmert waren, siehe, da
traten zu ihnen zwei Männer mit glänzenden Kleidern.5 Und sie
erschraken und schlugen ihr Angesicht nieder zur Erde. Da sprachen sie
zu ihnen: Was sucht ihr den Lebendigen bei den Toten? 6 Er ist nicht
hier; er ist auferstanden. Gedenket daran, wie er euch sagte, da er noch
in Galiläa war 7 und sprach: Des Menschen Sohn muss überantwortet
werden in die Hände der Sünder und gekreuzigt werden und am dritten
Tag auferstehen. 8 Und sie gedachten an seine Worte. 9 Und sie gingen
wieder vom Grabe und verkündigten das alles den elf Jüngern und den
andern allen. 10 Es war aber Maria Magdalena und Johanna und Maria,
des Jakobus Mutter, und die andern mit ihnen, die solches den Aposteln

sagten. 11 Und es erschienen ihnen diese Worte, als wären`s Märchen, und glaubten ihnen nicht. 12 Petrus aber stand auf und lief zum Grabe und bückte sich hinein und sah nur die leinenen Tücher und ging davon und wunderte sich über das, was geschehen war."

Alles ist aus!?
Nach bibl. Befund: Undenkbar! Was die Frauen am frühen Ostermorgen am Grab in Jerusalem erlebt haben mit allen Sinnen, mit Furcht und Schrecken, das ist etwa 25 Jahre später in Griechenland, in Korinth etwas reduziert angekommen. Geblieben ist von all den Ostererlebnissen die Feststellung: Christus ist auferstanden! Und drum herum ein paar nüchterne Gedanken. Ich lese den PT aus 1. Kor 15, 20-26

„20 Nun aber ist Christus auferstanden von den Toten und der Erstling geworden unter denen, die da schlafen. 21 Denn da durch einen Menschen der Tod gekommen ist, so kommt auch durch einen Menschen die Auferstehung der Toten. 22 Denn gleichwie sie in Adam alle sterben, so werden sie in Christus alle lebendig gemacht werden. 23 Ein jeglicher aber in seiner Ordnung: der Erstling Christus; danach die Christus angehören, wenn er kommen wird; 24 danach das Ende, wenn er das Reich Gott, dem Vater, überantworten wird, wenn er vernichtet haben wird alle Herrschaft und alle Obrigkeit und Gewalt. 25 Denn er muss herrschen, bis dass er „alle Feinde unter seine Füße lege" (Ps 110,1). 26 Der letzte Feind, der vernichtet wird, ist der Tod. 27 Denn alles hat er unter seine Füße getan (Ps 8,7)."

Liebe Gemeinde,
„nun aber ist Christus auferstanden von den Toten und der Erstling geworden unter denen, die da schlafen. Denn so wie durch einen

Menschen der Tod gekommen ist, so kommt auch durch einen die Auferstehung der Toten."
In vielen Bereichen des Lebens wollen Menschen gerne Erster sein – beim Sport, bei der Gehaltserhöhung, in der Schlange beim Supermarkt. Erste/r sein, das hat was. Es gibt aber auch Bereiche, wo wir gerne andere vorlassen. Bei der Frage nach Tod und Auferstehung scheint uns gar nichts anderes übrig zu bleiben, als jemand anderem den Vortritt zu lassen. Ich möchte Sie in Gedanken mitnehmen in eine Gebirgslandschaft. Da gibt es ein Tal. Es ist umschlossen von steil aufragenden Felsen. Sie sind überhängend. Noch niemand hat sie bezwungen ohne abzustürzen. Es gibt aber keinen anderen Weg aus dem Tal als über diese Felsen. Trotzdem, manche haben sich im Tal ein erfolgreiches Leben aufgebaut; manche sagen, oberhalb der Felsen gibt es sowieso nichts mehr. In manchen steckt aber auch eine tiefe Sehnsucht: Dieses Tal kann doch nicht alles sein. Wer hilft uns da heraus?
Liebe Gemeinde, wir können auch sagen, dieses Tal ist das Tal des „Todesschatten", das „finstere Tal". Unser Leben, ob lang oder kurz, fröhlich oder eher beschwert, ob erfolgreich oder eher mit Niederlagen, es ist umschlossen von dem Felsen Tod. Und wir kommen nicht heraus aus dem Tal des Todes. Uns bleibt nichts anderes übrig, als uns daran zu gewöhnen und vielleicht dann eben auf die lieblichen Seiten des Gebirgstales zu blicken. Plötzlich, eines Morgens ruft da jemand: „Seht mal, schaut, da hat es ja Kletterhaken. Da hängt sogar ein Seil. Und steht da nicht jemand oben? Jemand hat das Unmögliche geschafft."

Liebe Ostergemeinde,
dieser Rufer ist der Apostel Paulus. Es hat jemand geschafft. Es hat jemand den Felsen Tod durchklettert und für uns einen Weg gemacht. Der Felsen ist überwindbar. Dieser Jemand ist Jesus Christus. Er ist

nicht der Einzige, sondern der Erste. Alle, die mit ihm leben, hängen an ihm. Und wer an ihm hängt, wird von ihm durchgezogen durch den Tod zu neuem Leben. Unvorstellbar!
Paulus hat etwas ähnlich Unvorstellbares, ein Wunder, am eigenen Leib erlebt – etwa drei Jahre nach Ostern. Damals hat er noch die Christen verfolgt, als ihm der Auferstandene begegnete - 36 n. Chr. Plötzlich Licht, von allen Seiten ein solcher Glanz, heller als die Sonne. Geblendet stürzt Paulus zu Boden und er hörte eine Stimme: *"Saul, Saul, warum verfolgst du mich?" (Apg 9,4)* Wir wissen, aus Saulus wird ein Nachfolger Christi. Durch dieses Erleben am eigenen Leib und durch die Auferstehungsberichte der Jünger kann Paulus den Menschen in Griechenland sagen:
Durch Jesus kommt die Auferstehung der Toten so wie durch Adam die Sünde und der Tod in die Welt gekommen sind. Adam ist das Urbild für den Menschen, der ohne Gott lebt. Durch diese „Gott-losigkeit", so sagt es die Schrift, ist der Tod in die Welt gekommen als ein Ausdruck dieser Gottesferne. Der Mensch ist nicht mehr dran am Gott des Lebens. In biologischer Sicht erscheint der Tod als etwas Natürliches. In geistlicher Sicht steht der Tod einem dauerhaften Leben mit Gott im Weg. Jesus aber ist der, der durch Tod und Auferstehung die Haken in den unüberwindlichen Felsen geschlagen hat. Seitdem muss keiner mehr, der sich an diesen Jesus Christus hängt, im Schatten des Todes bleiben. Jesus führt am Seil, alle, die sich an ihm festhalten, aus dem Todestal in das neue, ewige Leben bei Gott.
Und das Beste kommt nach am Schluss.
Es gibt ein Neuwerden für die ganze Welt. Ein großes Finale. Es kommt der Tag, da wird Jesus alle Mächte, die gegen Gott und das Leben gerichtet sind, zerstören. Sogar der Tod als letzter Feind wird vernichtet. Bis dahin bleibt der Tod ein schreckliche Feind von uns Menschen, bis

dahin *„seufzt die Schöpfung unter Grausamkeiten und sehnt sich nach Erlösung“ (Röm 8,18)*. Dann aber wird Gott sich in jeder Hinsicht durchsetzen. Sein Reich wird kommen. Sein Wille wird geschehen. Gott wird Jesus die gesamte Herrschaft übergeben und Kinder Gottes werden in jubelnder Freude anbeten den, der auf dem Thron sitzt.

Liebe Ostergemeinde,
„glaubst Du das, dass ich aus dem Tod wieder lebendig machen kann?“, (Joh 11) so hat Jesus die Schwestern des toten Lazarus gefragt. Ostern beginnt am Grab, auf dem Friedhof. Nicht die Hoffnung stirbt zuletzt, sondern der Tod, weil Gott dem Elend und dem Tod dieser Welt mit Jesus widersprochen hat. Beides wird er vernichten als letzten Feind.
Wie das sein wird?
Die Offenbarung gibt uns davon eine Ahnung, indem sie schildert, was alles nicht mehr sein wird: Kein Leid mehr, kein Geschrei, kein Tod mehr. Es wird alles neu. Und Gottes Herrlichkeit wird alles erleuchten.
Bis es soweit ist, steht Jesus oben auf dem Felsen und wartet, dass wir uns bei ihm einhaken und sichern, damit er uns hinaufführen kann in Gottes ewige Herrlichkeit. AMEN!

Neue Kraft für Ermüdete - Jes 40, 26-31 27.04.2014

Liebe Gemeinde,
ich sehe sie noch vor mir, die Soldaten im Familiengottesdienst, wie sie das Grab bewachten, sich lustig machten über den toten Jesus. Und dann aber ein Erdbeben sie regelrecht umwarf und den Stein vorm Grab ins Rollen brachte. Gottes Kraft war stärker als die Macht der Menschen und stärker als die Macht des Todes. Auch die Jünger haben in ihrer Enttäuschung, Müdigkeit und Verzweiflung etwas von dieser Kraft gespürt. Von Jesus aufgerichtet, konnten sie ihren Weg weitergehen. Nach solchen Ostererfahrungen sehnen sich heutzutage auch viele Menschen. Immer mehr Menschen gehen Kraft und Lebensmut aus.
Ein paar Leute sprechen aus, wie es gegenwärtig vielen geht. Was sie sagen ist nicht ihre persönliche Situation. Die Worte sind ihnen stellvertretend für viele in den Mund gelegt.

Junger Mann
Ich bin erfolgreich, habe eine Spitzenposition in einem Weltkonzern.
Ich verdiene sehr gut.
Aber auf der anderen Seite bezahle ich dafür einen hohen Preis:
Arbeiten fast ohne Pause und Feierabend.
Die Verantwortung frisst mich fast auf.
Keine Zeit mehr für Familie, Hobbys und Freunde.
Oft fühle ich mich leer und ausgelaugt.
Ich weiß nicht, wie lange ich das noch durchhalte.

Konfirmand
Mir geht es nicht so gut.
Meine Eltern verstehen sich nicht mehr. Es gibt viel Zoff.

Oder sie reden wochenlang nicht mehr miteinander.
Ich halte das fast nicht mehr aus.
Ich schließe mich dann in mein Zimmer ein und lass mich mit Musik volldröhnen oder ich lenke mich mit PC-Spielen ab.
In der Schule werde ich immer schlechter. Aber was soll`s?
Ist ja so wieso alles egal und sinnlos.

Frau in mittlerem Alter

Seit meine Eltern älter geworden sind, hat sich mein Leben ziemlich verändert. Sie brauchen immer mehr meine Hilfe.
Sie sagen immer wieder: Wenn wir dich nicht hätten!"
Sie merken nicht, wie sie mich damit immer mehr unter Druck setzen.
Daneben habe ich meinen eigenen Haushalt zu versorgen.
Für meinen Mann, unsere Tochter und die Enkel möchte ich gerne da sein. Aber ich krieg das alles nicht mehr unter einen Hut.
Manchmal möchte ich einfach fortlaufen – aber wohin?

Mann in mittlerem Alter

Ich bin 50 Jahre alt und muss noch mindestens 16 Jahre lang arbeiten.
Aber mit meiner Kraft bin ich jetzt schon am Ende.
Überall werden Stellen eingespart und das Geschäft auf immer weniger verteilt. Alles soll immer schneller gehen.
Die Jungen schaffen das. Aber ich brauche immer länger.
Bei Vielem komme ich einfach nicht mehr mit.
Oft bin ich morgens schon müde.
Ich habe Angst vor der Zukunft.

Alter Mensch

Ich weiß nicht, wie lange ich mich noch selber versorgen kann.

Ich merke, wie meine körperliche Kraft immer mehr nachlässt.
Schnell wird mir alles zu viel.
Was ich früher leicht geschafft habe, das wird mir jetzt ein Berg.
Auch mein Gedächtnis lässt nach.
Hoffnung, dass es wieder besser wird, ist unrealistisch.
Ich habe Angst davor, einmal anderen zur Last zu werden.
Ich weiß überhaupt nicht, wie das noch alles werden wird?

Liebe Gemeinde,
gemeinsam ist diesen Leuten, dass sie sich alle müde, überfordert, am Ende ihrer Kraft fühlen. Ein paar Tage Urlaub reichen wohl nicht für eine wesentliche Veränderung ihrer Situation. Der Predigttext für heute richtet sich an müde gewordene Menschen.
Damals befand sich das Volk Israel bereits in der zweiten Generation in babylonischer Gefangenschaft. Wie Gefangene, rechtlos und schutzlos waren sie der Willkür fremder Herren ausgeliefert. Folge: Sie waren verzweifelt, resigniert und müde – körperlich müde, psychisch müde und auch glaubensmüde. Hat Gott sie verlassen und vergessen? Oder ist er am Ende doch machtlos gegenüber dem babylonischen Gott Marduk?
An diese müde gewordenen Menschen – und nicht nur an sie – wendet sich der Prophet Jesaja mit folgender Botschaft.
Ich lese Jesaja 40, 26-31

„26 Hebt eure Augen in die Höhe und seht! Wer hat dies geschaffen? Er führt ihr Heer vollzählig heraus und ruft sie alle mit Namen; seine Macht und starke Kraft ist so groß, dass nicht eins von ihnen fehlt. 27 Warum sprichst du denn, Jakob, und du, Israel, sagst: Mein Weg ist dem Herrn verborgen und mein Recht geht vor meinem Gott vorüber? 28 Weißt du nicht? Hast du nicht gehört? Der Herr, der ewige Gott, der die Enden der

Erde geschaffen hat, wird nicht müde und matt, sein Verstand ist unausforschlich. 29 Er gibt dem Müden Kraft und Stärke genug dem Unvermögenden. 30 Männer werden müde und matt, und Jünglinge straucheln und fallen; 31 aber die auf den Herrn harren kriegen neue Kraft, dass sie auffahren mit Flügeln wie Adler, dass sie laufen und nicht matt werden, dass sie wandeln und nicht müde werden."

Liebe Gemeinde,
Wie kann das geschehen? Neuer Kraftstoff, wenn der Tank leer ist?
Wie wird das zur eigenen Erfahrung *„die auf den Herrn harren, kriegen neue Kraft, dass sie auffahren mit Flügel wie Adler"?*
Gott lässt durch Jesaja ausrichten:

1.„Hebt eure Augen auf und seht!"

Lasst eure Blicke nicht mehr nur auf dem Boden haften wie Menschen, die eine schwere Last auf ihrem Rücken zu tragen haben, sondern blickt auf. Seht doch den unermesslichen Weltraum mit seinen Milliarden von Sternen, die jeden Abend neu am Himmel stehen und kein Stern aus der Reihe tanzt. In der heidnischen Umwelt musste Gottes Volk daran erinnert werden, dass die Gestirne nur Geschöpfe des Schöpfers sind. Sie haben keine eigene Macht über unser Leben. In Babylon nämlich wurden Sterne als Götter gefürchtet und verehrt. Seltsamer Weise glauben auch heute immer noch viele Menschen an Horoskope und damit an den Einfluss der Sterne. Demgegenüber lässt Gott ausrichten, dass er als der Schöpfer alle Sterne kennt und sie unter seiner Kontrolle hat. Beruhigend, wenn man weiß, welche Kräfte und Explosionen sich im Weltall abspielen. "Gott, der Herr, hat sie gezählet, dass ihm auch nicht eines fehlet", so haben viele als Kinder gesungen. Und, wenn das sich bei den Sternen schon so verhält, wie viel mehr bist du dann als Gottes Geschöpf in seiner Hand? Und zwar mit allem, was zu dir gehört: Mit deiner ganzen Biographie, mit deinen Sorgen, deiner Lebenskrise, deiner Krankheit, deiner Erschöpfung, deiner familiäre Situation. Und dieser Gott nimmt sich deine Müdigkeit zu Herzen und schafft wieder neues Leben in dir. Das aber konnten die im Exil gedemütigten Menschen nicht mehr glauben. *„Mein Weg ist dem Herrn verborgen und mein Recht geht am Herrn vorüber!“*, klagten sie. Der Prophet gibt den Tipp: Wegsehen von der eigenen Ohnmacht – hin zum Schöpfer. Aus eigener Kraft wirst du nicht wieder in die Höhe kommen. Aber ER wird dich aufrichten. Liebe Gemeinde, denken wir an Jesus. Er war nicht nur verzagt und müde geworden auf seinem Weg. Er war tot und siehe: ER lebt und geht uns voran! Unsere Ausweglosigkeiten sind noch da. Aber Jesus ist auch da und bezieht uns in seiner Auferstehung mit ein. Die Jünger haben das so erfahren. Denken wir an die zwei unterwegs nach Emmaus, an Maria Magdalena oder an die Fischer am See Genezareth, in ihrer tiefsten Niedergeschlagenheit näherte sich Jesus ihnen und stärkte sie an Leib, Seele und Geist, so dass sie aufgerichtet und gestärkt – von Jesus gesandt - zurück in ihren Alltag und in seine Gemeinde zurückkehren konnten.

2. „Die auf den Herrn harren, kriegen neue Kraft.“

„Harren“, das ist etwas anderes als ungeduldiges Warten, bei dem einer alle fünf Minuten auf die Uhr schaut. Harren auf Gott – das meint Geduld. Da ist der Bogen weit gespannt von meiner Schwachheit hin zu Gottes Kraft. Das ist ein Weg. Die Menschen damals in Babylonien machten sich allein mit dem Versprechen Gottes auf den Weg. Sie ließen das Alte los und ließen sich auf Gott ein. Sie hatten keine andere Sicherheit als das Wort Gottes im Ohr. Aber das gab ihnen Hoffnung.

Das bewegte sie. Zu Hause angekommen, packten sie aus, bauten auf, investierten und säten. Im gehorsamen Tun haben sie die Kraft und Treue Gottes erlebt. *„Die auf den Herrn harren, kriegen neue Kraft*!“

3.“Dass sie auffahren mit Flügeln wie Adler.“

Die Kraft, die bei Jesaja so majestätisch und erhaben wie ein Adler auf einen Menschen kommt, begegnet uns in Jesus – zunächst in der merkwürdigen Umkehrung. Jesus leidet mit den Ohnmächtigen und Hilfesuchenden; Jesus weiß um menschliche Schuld und trägt sie; Jesus steht zur Seite, wenn Leben zu Ende geht und geht mit in den Tod. In die Ohnmacht und Schwachheit am Kreuz ist Jesus gegangen, um gerade dort uns schwachen Menschen zu begegnen. In dieser Umkehrung geschieht die Verwandlung: Die Stärke der Mächtigen wird entlarvt und in den Schwachen, in denen, die sich nach Hilfe sehnen, wird ER mächtig.

Ich denke an Samuel Koch, der vor drei Jahren bei der Fernsehsendung „Wetten dass….“ so schwer verunglückte, dass er als ehemaliger Vollblutsportler nun im Rollstuhl sitzt, immer wieder unter starken Schmerzen leidend. Das Seltsame ist: Viele, die ihm begegnen, werden gestärkt. Nach seiner Kraft gefragt, sagt er: „Ich bete und ich lese in der Bibel und ich glaube an Wunder. Doch nicht in der Haltung, dass Gott mich unbedingt heilen muss, um seine Kraft zu beweisen. Ich weiß um die Nähe und Versorgung Gottes, ob ich geheilt werde oder weiter im Rollstuhl sitzen muss. Wir ahnen, das ist Kraft und Stärke von besonderer Art!

Ich komme zum Schluss und versuche nochmals zusammenfassend auf die Frage zu antworten:

Was ist das für eine Kraft, die *„auffahren lässt mit Flügeln wie Adler, die laufen lässt ohne matt und müde zu werden?"*
Es sind nicht die PS der Motoren und auch nicht antrainierte Muskelkraft. Es ist die Kraft, die einen müde gewordenen und hilflosen Menschen wieder aufrichtet. Es ist die Kraft des Ostersieges, die in Krisen hindurchträgt und neue Lebensfreude und neue Hoffnung schenkt. Es ist die Kraft, die wie auf „adlerstarken Schwingen" in die zukünftige Welt und Heimat trägt. Das alles ist Gottes Kraft, ist Gottes Sache. Unsere ist es, uns nach dieser beflügelnden Kraft auszustrecken, darum zu bitten und als Gemeinde auch für andere um diese Kraft zu bitten. Gott schenke, dass sich das auch mitten unter uns und in uns ereignet:
„Die auf den Herrn harren, kriegen neue Kraft,
dass sie auffahren mit Flügeln wie Adler,
dass sie laufen und nicht matt werden,
dass sie wandeln und nicht müde werden." So sei es! AMEN!

Das Lied der Überwinder – Offbg 15,2-4 25.05.2014

Liebe Gemeinde,

da während der letzten Jahre am Sonntag Kantate immer Konfirmation ist, möchte ich heute ein wenig davon noch nachholen.

„Kantate!“ Singet! Wir sind zum Singen, zum Lob Gottes, aufgerufen. Das fällt uns leicht, wenn wir solch ein lebendiges Wunder in Armen halten wie den kleinen Levi. Die Aufforderung zu singen meint aber auch die Tage und Stunden, wo uns nicht danach ist. Denn zum einen will Gott gelobt sein, einfach nur deshalb, weil er Gott ist. Und zum andern können Lieder therapeutische Kraft haben! Singen tröstet bei Trauer, macht Mut bei Angst, spornt an zur Tat, verschafft Freude Ausdruck.

Singen lockt andere an und stiftet Gemeinschaft.

Leider wird heute immer weniger gesungen. Oft haben wir keine Lust zum Singen – weil uns persönlich eher zum Heulen oder zum Klagen zumute ist oder weil uns die Not anderer niederdrückt. Wie soll einer, der Schmerzen hat, singen? Wie sollen wir singen, wenn wir sehen und hören von den antisemitischen, tödlichen Schüssen im jüdischen Museum in Brüssel, von der Not der Flutopfer auf dem Balkan oder den bedrohlichen Unruhen in Thailand oder in der Ukraine?

Einer, der das dennoch konnte, war der Liederdichter Paul Gerhardt. Vier von fünf Kindern sind ihm gestorben, nach 13 Ehejahren starb auch Und doch sind seine Lieder voller Trost und Hoffnung. Das Motiv für sein Singen hat er einmal in die Worte gefasst:

> „Mein Herze geht in Sprüngen und kann nicht traurig sein,
> ist voller Freud und Singen, sieht lauter Sonnenschein.
> Die Sonne, die mir lachet, ist mein Herr Jesu Christ.
> Das, was mich singend machet, ist was im Himmel ist.“

„...das, was mich singend machet, ist was im Himmel ist". Damit stehen wir ganz nah beim Predigttext aus der Offenbarung des Johannes. Das, was im Himmel ist, durfte Johannes auf der Insel Patmos schauen.
Offbg 15, 2-4:

„2 Und ich sah, und es war wie ein gläsernes Meer, mit Feuer gemengt; und die den Sieg behalten hatten über das Tier und sein Bild und über die Zahl seines Namens, die standen an dem gläsernen Meer und hatten Gottes Harfen 3 und sangen das Lied des Mose, des Knechtes Gottes, und das Lied des Lammes und sprachen. Groß und wundersam sind seine Werke, Herr, allmächtiger Gott! Gerecht und wahrhaftig sind deine Wege, du König der Völker. 4 Wer sollte dich nicht fürchten, Herr, und deinen Namen preisen? Denn du allein bist heilig! Ja, alle Völker werden kommen und anbeten vor dir, denn deine gerechten Gerichte sind offenbar geworden."

Liebe Gemeinde, der hoch betagte Jünger Johannes war als Regimekritiker auf die Insel Patmos verbannt worden. Er hatte nicht den römischen Kaiser als Gott angebetet. Jetzt gab es nichts zu lachen. Schrille Töne um und um. Aber dann geschah es:
Als Johannes eines Tage am Meer saß, hörte er plötzlich einen völlig neuen Klang. Über dem alten Lied der Welt erklang das Lied des Himmels. Johannes hörte es und erkannte dabei: Das Getöse der Mächtigen und das Gebrüll der Kämpfenden ist nicht alles und auch die Klagelieder der Trauernden und Entrechteten ist nicht alles. Über allen Liedern dieser Welt gibt es das Lied des Himmels. Es übertönt jede alte Leier. In meiner Bibel trägt es die Überschrift „das Lied der Überwinder"
Es gab Zeiten, da mussten sich Christen den Vorwurf gefallen lassen, viel zu sehr Jenseits orientiert zu sein. Ich finde, wir sind momentan viel

zu sehr diesseits orientiert. Wir haben uns hier eingerichtet als ob wir ewig hier leben würden und vergessen oder wissen gar nicht, was einmal laut Bibel kommen wird......

Am Ende, so erfahren wir heute - da wird gesungen. Nicht das Triumphgeschrei der Gottlosen wird zu hören sein. Das Ende vom Lied ist der Sieg Gottes, der unendliche Jubel über Gott.

<u>Wer singt?</u>

„Die den Sieg behalten haben“, die sich an Jesus festgeklammert und daran festgehalten haben, dass der Tag kommen wird, an dem offenbar wird, dass Jesus an Ostern alle Mächte der Finsternis und des Todes besiegt hat.

<u>Und wo wird gesungen?</u>

„Am gläsernen Meer“. Das Meer, das in der Bibel oft für Chaos und Vernichtung steht, wird dann ganz still, zur Ruhe gekommen sein; durchsichtig wie das Rote Meer, auf dem man auf dem Grund die Korallen sehen kann. Dass im gläsernen Meer auch so etwas wie Feuer zu sehen ist, deutet darauf hin, dass sich kommende Gerichte darin spiegeln. Kinder Gottes, Überwinder, aber erfahren das letzte Schreckensgericht nicht mehr. Sie sehen nur noch den Widerschein davon wie in einem Spiegel.

<u>Was wird gesungen?</u>

Am Ende wird Gottesdienst gefeiert mit Jubelklang, mit schönen Instrumenten. Ein vielstimmiges Lied vom Sieg Gottes wird erklingen; ein unendlicher Jubel über die Wundertaten Gottes: *„Groß und wunderbar sind deine Werke, Herr, allmächtiger Gott!“*

Welch ein Jubel, welch ein Sieg wird das sein! Noch leiden Menschen unter gottfeindlichen Herrschern und Mächten. Noch werden Christen weltweit bedrängt mit der Absicht, dass sie das Ziel ihres Glaubens nicht erreichen sollen. Das fing mit Pharao an und setzt sich durch die ganze

Geschichte fort. Im Römischen Reich hatten die Christen nur die Wahl, vor dem Standbild des römischen Kaisers anzubeten oder in der Arena in den Tod zu gehen. Viele sind schwach geworden. Aber viele sind auch singend den wilden Tieren entgegen getreten oder mit einer einzigen Liedzeile auch in die Vernichtungslager eines Adolf Hitlers gegangen.
Johannes hat die Gefahr des Abfalls vom lebendigen Gott vor Augen. Darum erinnert er an Jesus, das Lamm Gottes, das den Tod überwunden und uns den Sieg gebracht hat.
Liebe Gemeinde, vermutlich ist uns das Lied des Himmels ziemlich fern. Gott sei Dank leben wir in einem Land, in dem wir als Christen keine Nachteile haben. Das war vor 30 Jahren im Osten unseres Landes noch anders. Wie wird es weitergehen? Wie werden die Leute, die wir heute wählen, Politik machen? Ohne Angst machen zu wollen, in unserer multikulturellen Gesellschaft verliert das Christentum immer mehr an Bedeutung und der Wind bläst rauer. Aber seltsamerweise wächst dort das Christentum am meisten, wo es die schlimmste Verfolgung gibt –
in Nordkorea, im Nahen Osten, in Somalia....

Ich komme zum Schluss.
Liebe Gemeinde, wir dürfen aus dem Lied der Überwinder Kraft und Hoffnung schöpfen. Am Ende wird sich herausstellen, dass die, die durchgehalten haben, die Sieger sind. Gott lässt sich die Fäden nicht aus der Hand nehmen und rettet seine Gemeinde durch das Meer der Bedrängnisse und Unterdrückungen, der Gefahren und Ängste hindurch.
Darum lasst uns das Lied des Himmels singen, das neue Lied,
das Lied vom Sieg ! AMEN!

Alles soll zum Besten dienen – Röm 8,26-29 01.06.2014

Geschichte

Amy Carmichael wurde vor etwa 150 Jahren (1867) als ältestes Kind von sieben Kindern in Nordirland geboren. Das Haus, in dem sie mit ihrer Familie wohnte, lag direkt an der Meeresküste. Ganz oft spielte sie am Strand. Sie liebte es, wenn das Waser an die Küste schlug, wenn es gluckste und klackste. Und sie liebte das „Blau" des Wassers. Blau, das war ihre Lieblingsfarbe. Amy lebte in einem christlichen Elternhaus. Sonntags gingen alle in den Gottesdienst. Dort hörte Amy schon von klein auf Geschichten von Gott und Jesus. Sie wusste ganz fest, dass Jesus sie liebte. Und, wenn der Vater abends eine Andacht hielt, dann war die ganze Familie um den Tisch versammelt. Herr Carmichael las aus der Bibel vor und dann wurde gebetet. „Gott erhört Gebet", diese Worte hatte Amy immer wieder gehört. „Gott gibt immer Antwort", das prägte sich ganz tief in ihrem Herzen ein.

Als Amy etwa sechs Jahre alt war, da wollte sie es einmal ausprobieren, wie das ist, wenn sie Gott um etwas bittet? Ob Gott tatsächlich ihr Gebet erhört? Aber, um was soll sie bitten? Sie überlegte und überlegte.... Jetzt wusste sie es: Blau war doch ihre Lieblingsfarbe. Und ihre Mutter hatte so wunderschön blaue Augen. Am Abend kniete Amy vor ihrem Bett nieder und betete:

„Lieber Gott, bitte mach meine braunen Augen blau! Schön strahlend blau!" Sie zweifelte keinen Augenblick daran, dass ihre Bitte erhört würde. Für sie war klar: Gott gibt immer Antwort, so hatten ihre Eltern gesagt. Mit diesem Gedanken schlief Amy ein.

Am nächsten Morgen sprang sie glücklich aus dem Bett, holte einen Stuhl, schob den vor den großen Spiegel in der Diele und kletterte im

Nachthemdchen auf den Stuhl und schaute in den Spiegel. Hatte sie jetzt blaue Augen?......

O nein! Sie sah im Spiegel nur ein paar große traurig dreinschauende braune Augen. Sie waren immer noch braun. Gott hatte ihr Gebet nicht erhört. Und dabei hat sie doch Gott vertraut, ihm zugetraut, dass er alles machen kann, dass ihm nichts unmöglich ist. Amy stieg vom Stuhl. Sie Sie wusste später nicht mehr, woher sie die Worte gehört hatte, vielleicht von ihrer Mutter, die gerade ins Zimmer gekommen war. Vielleicht auch war es Gott selbst gewesen, der ihr helfen wollte, ein Geheimnis zu verstehen, das sie ein Leben lang nicht vergessen sollte:

„Ist denn „Nein“ nicht auch eine Antwort?“, hörte sie ganz klar und deutlich. „Ist denn „Nein“ nicht auch eine Antwort?“ – diese Worte klangen so klar in ihren Ohren, als wenn jemand zu ihr gesprochen hätte. Wenn ihr Vater immer wieder einmal „nein“ sagen musste, dann war das ja auch eine Antwort. So erkannte Amy, dass Gott auf ihr Gebet auf jeden Fall geantwortet hat.

Viele Jahre später verstand Amy auch, warum Gott „Nein“ gesagt hatte.

Als sie erwachsen war, ging Amy als Missionarin nach Indien. Sie wollte den Menschen dort die frohe Botschaft von Jesus erzählen. Sie lernte die indische Sprache, stellte sich auf das heiße Klima ein und sie wollte leben – wie Inder leben, um ihnen ganz nahe zu sein. Ihr weißes Gesicht und ihre Arme färbte sie mit Kaffee braun. Sie zog indische Kleider an und darüber einen Sari – das ist ein langes Tuch, das wie ein weiter Rock um den Körper gelegt wird. „Du siehst wirklich wie eine Inderin aus“, sagten Freunde „und dass deine Augen nicht blau, sondern braun sind, das ist ein außerordentliches Glück.“

Blaue Augen? Plötzlich erinnerte sich Amy an den Tag, an dem sie als kleines Kind vor dem Spiegel gestanden hatte und enttäuscht war, dass Gott ihre Augen nicht blau gemacht hatte. Jetzt wusste sie nicht nur, dass „Nein“ auch eine Antwort war. Jetzt wusste sie sogar noch, wozu dieses „Nein“ gut war.

Liebe Gemeinde,
„Ihr werdet die Kraft des Heiligen Geistes empfangen, der auf euch kommen wird und werdet meine Zeugen sein!“ (Apost 1,8). Dieses Versprechen Jesu an seine Jünger, liebe Gemeinde, zeichnet die besondere Zeit zwischen Himmelfahrt und Pfingsten aus. Bei den Jüngern damals weckte dies die sehnsüchtige Erwartung, es möge doch endlich bald so weit sein.
Für uns tut sich die Frage auf, woran wir denn merken, und was sich ändert, wenn dieser Geist in uns und unter uns wirksam wird? Der Predigttext spricht von Auswirkungen. Ich lese aus <u>Römer 8,26-28:</u>

„26 Desgleichen hilft auch der Geist unserer Schwachheit auf. Denn wir wissen nicht, was wir beten sollen, wie sich`s gebührt; sondern der Geist selbst vertritt uns mit unaussprechlichem Seufzen. 27 Der aber die Herzen erforscht, der weiß, wes des Geistes Sinnen sei; denn er vertritt die Heiligen, wie es Gott gefällt. 28 Wir wissen aber, dass denen, die Gott lieben, alle Dinge zum Besten dienen, denen, die nach dem Vorsatz berufen sind.“

Liebe Gemeinde,
der erste Satz ist der wichtigste. *„Der Geist hilft unserer Schwachheit auf.“* Damit ist der verheißene Pfingstgeist gemeint. Also bekommen wir es da mit Gott selbst zu tun. Und der Schlüsselbegriff für das Wirken des Geistes Gottes heißt *„aufhelfen“*. Der Geist Gottes muss uns Menschen aufhelfen, weil wir schwach sind. Stellen wir uns vor, wie da jemand gestürzt ist und ein anderer muss aufhelfen, dass da wieder jemand auf die

Beine kommt. Schwach sind wir in mancherlei Hinsicht. Ein besonderes Kapitel unserer Schwachheit ist unser Beten. *„Wir wissen nicht, wie wir beten sollen, wie`s sich gebührt“.* Aber:

Haben wir nicht die Psalmen? Haben wir nicht die Lieder in unserem Gesangbuch? Haben wir nicht das Vaterunser? Zeigen diese Gebete uns nicht, wie rechtes Beten aussehen kann? Und in unserer Gemeinde gibt es da nicht Menschen, die ganz gezielt beten? Wie sollen wir das verstehen: *„Wir wissen nicht, was wir beten sollen?!“*

Ein Punkt unserer Gebetsschwachheit ist, dass wir nicht wirklich wissen, was wirklich gut ist für mich, für den andern, für die Welt. Wir beten oft sehr egoistisch und unsere Gebete gleichen oftmals einer Dienstanweisung an Gott, so nach dem Motto: „Lieber Gott mach doch!“ - in der Erwartung, Gott müsste unsere eigenen Gedanken und Pläne bestätigen. Das ist unsere Schwachheit beim Beten, dass wir oft so von unseren eigenen Gedanken und Wünschen geleitet sind.

Und Gott?

Er sagt: „Ich weiß“. Und wenn Gott über unsere Schwachheit Bescheid weiß, dann sorgt er für eine Lösung. Wie?

Paulus hat den Pfingstgeist im Auge. Dieser überbrückt den unendlichen Größenunterschied zwischen Gott und uns Menschen; dieser bringt die Diskrepanz zwischen unserem Wollen und Gottes Gedanken zurecht. Darum, und das ist seit Pfingsten das Tröstliche und Ermutigende:

Wir brauchen beim Beten nicht alles recht sagen. Wir dürfen frei heraus Gott sagen, was uns auf der Seele brennt. Der Heilige Geist rückt unser Stammeln und auch unser eigenes Wollen zurecht.

Ich denke da an ein kleines Kind, das mir etwas sagen will, und ich verstehe es nicht. Aber sein Vater oder seine Mutter haben es verstanden. Sie übersetzen mir die Botschaft. So bringt der Heilige Geist

an Gottes Ohr, was uns bewegt – auch unsere gut gemeinten eigenen Wünsche. *„Der Geist hilft unserer Schwachheit auf.“*
Unsere Schwachheit beim Beten hat auch noch eine andere Dimension.
Der Apostel weiß, dass uns manchmal beim Beten die Worte im Hals stecken bleiben. Das kann bei der Vaterunser-Bitte sein *„Unser täglich Brot gib uns heute“*, wenn wir dran denken, dass Getreide statt in hungernde Mäuler in den Tank geht. Oder, wenn wir dran denken, dass Missionare und Helfer kaltblütig umgebracht werden; Menschen, die mithelfen wollten, dass Menschen würdig und durch den Glauben an Jesus froh und frei leben können. Und, wenn wir auch an so manche Not unter uns denken; wenn keine Medizin hilft. Kein Rat. Kein Gebet.....
Und dann sind wir in Gefahr, dass sich Verzagtheit breit macht. Zum körperlichen Schmerz kommt auch noch der seelische und geistliche Schmerz. Warum hilft Jesus nicht? Warum laufen alle Gebete ins Leere, obwohl Gott doch könnte, wenn er nur wollte? .....
Paulus kennt solche Verzagtheit auch. Wenige Verse zuvor spricht er vom Seufzen der ganzen Schöpfung und der Sehnsucht nach wahrer Freiheit. Und Martin Luther würde sagen, das mit dem Beten ist deshalb so schwierig, weil unser Herz ein „verzagt und trotzig Ding“ ist.

Und noch ein Drittes, liebe Gemeinde,
in der Lutherbibel ist dieser Vers fett gedruckt und vielleicht hat ihn auch jemand als Denkspruch bekommen. Paulus bringt ihn in Zusammenhang mit unserer Schwachheit beim Beten. Wenn wir nicht wissen, was wir beten sollen, so wissen Kinder Gottes aber, *„dass denen, die Gott lieben, alle Dinge zum Besten dienen müssen.“*
Paulus redet nicht das Schlechte gut und schön. Er sagt nicht: Alles, was ihr erlebt, ist gut. Das wäre zynisch. Wir müssen nicht alles Elend, das uns und anderen widerfährt, christlich verklären. Paulus sagt etwas

anderes. Er sagt: Vertraut darauf, *„dass denen, die Gott lieben, alle Dinge zum Besten dienen müssen."*
Wir sollen wissen, dem Schlechten wird der Erfolg genommen. Das Böse verliert seine Macht. *„Die Menschen gedachten es Böse mit mir zu machen. Aber der Herr machte es gut" (1.Mose 50,20),* bekennt Joseph - freilich erst im Nachhinein, viele Jahre später. Auch ein „Nein", auch Schweres, bewusst aus Gottes Hand zu nehmen, das ist Ausdruck des Glaubens. Wenn Dinge in unserem Leben geschehen, die wir uns nicht ausgesucht haben, wenn es gilt schwere Wegstrecken unter die Füße zu nehmen, wenn einem alles genommen wird, und dann einer dennoch auf Jesus und die Hilfe Gottes vertrauen kann, dann ist das Wirkung des Geistes Gottes; des Geistes, der im Seufzen das Herz eines Menschen fest, getrost und guten Muts macht. Wichtiger als dass wir ungeschoren durch dieses Leben kommen, ist, dass unser Herz im Vertrauen auf Jesus immer fester gegründet wird; dass unser himmlischer Vater seinen Weg mit uns gehen darf, seine Geschichte mit uns machen darf.
Das Böse, in welcher Gestalt es auch zu uns kommt, es erreicht nicht, was es erreichen will, sondern muss schließlich dazu beitragen, dass Gutes werden soll. Und wenn hier *„zum Besten"* steht, dann ist damit viel mehr gemeint als die Allerweltsweisheit „Alles, hat ja auch etwas Gutes!" Was Paulus meint, hat etwas mit der Ewigkeit zu tun, mit Gottes Ziel mit uns, mit dem Sieg Jesu über Sünde, Tod und Teufel. Darum schaut Paulus, der so viel vom Glauben redet, in der Erfahrung von Schwachheit nicht mehr auf seinen Glauben. Jesus ist es, an dem seine Gewissheit hängt, dass nichts und niemand Kinder Gottes von seiner Liebe trennen kann und dass denen, die Gott lieben alle Dinge zum Besten dienen müssen. Der Pfingstgeist entfache in und unter uns neue Liebe zu Jesus und bewahre uns im Glauben an Jesus Christus, unseren Herrn! AMEN!

Glaubwürdig sein – 1.Kor 9,16+19-23 29.06.2014

Geschichte

Wieder einmal preist Schuhverkäufer Speedy lautstark seine Ware an: „Hier gibt es Schuhe von Speed - für die Dame, für den Herrn und für das Kind. Einmal Speed, immer Speed! Sie werden es erleben! Kommen sie näher, sehen und erleben Sie selbst, ein einmaliges Angebot. Gehen Sie auf Wolken – für einen himmlisch günstigen Preis!"

Einige Leute sind stehen geblieben und schauen sich die Schuhe näher an. Auch Lena guckt aus einiger Entfernung zu. Irgendwie tut ihr der Schuhverkäufer leid. Schon gestern hat sie beobachtet, dass die Leute sich zwar interessieren für die Schuhe. Aber dann laufen sie wieder weg, ohne zu kaufen. Woran liegt das bloß?

Ist der Preis zu hoch? Sehen die Schuhe vielleicht altmodisch aus? Dabei gibt sich Herr Speedy doch soviel Mühe. Als niemand mehr da ist, setzt sich Herr Speedy erst einmal und packt sein Vesperbrot aus. Dabei murmelt er vor sich hin: „Ich versteh das nicht. Ich begreif`s nicht. Erst sind die Leute interessiert, und dann gehen sie alle, ohne etwas zu kaufen. Was stimmt da bloß nicht?"

Herr Speedy hat gar nicht gemerkt, dass Lena ihn die ganze Zeit über nachdenklich anschaut. Jetzt geht sie langsam auf ihn zu und sagt: „Herr Speedy, warum tragen Sie eigentlich selber keine Schuhe von Speed?" Erstaunt schaut Herr Speed auf seine Füße, die in ein paar ausgelatschten Sandalen stecken. „Na, kleines Fräulein, das kann dir doch wohl egal sein, was für Schuhe ich trage!"

„Mir schon", entgegnet Lena, „aber Ihrer Kasse nicht!"

Für einen Moment ist Herr Speedy sprachlos, was höchst selten vorkommt. Denn reden und schlagfertig sein, das hat er schließlich auf Verkaufsschulungen gelernt. Dann fragt er: „Was hat denn meine Kasse

mit meinen Privatschuhen zu tun?" „Und mit Marmelade" wirft Lena ein. Jetzt guckt Herr Speedy vollends verwirrt: „Sag mal willst du mich auf den Arm nehmen?" „Nein", meint Lena, „dafür sind Sie mir zu schwer! Ich mein doch bloß, was meine Oma immer sagt!"
„Privatschuhe, Marmelade und deine Oma!", sagt Herr Speedy kopfschüttelnd. "Meine Oma sagt immer: die beste Werbung für einen Marmeladeverkäufer ist, wenn er seine Marmelade selber isst. Und dann sagt sie noch: Lena, Menschen können viel erzählen, aber, wenn sie selber nicht danach leben, dann glaube ihnen nicht!"
Und dann läuft Lena fröhlich pfeifend nach Hause, denn sie findet, sie hat Herrn Speedy genug erklärt. Herr Speedy denkt: Kindergeschwätz und isst sein Brot auf. Doch auf einmal, als gerade niemand in der Nähe ist, probiert er ganz schnell ein Paar von den neuen Schuhen an.
„Uiiii! Die sind ja wirklich bequem!" Als Lena am nächsten Tag aus der Schule kommt, sieht sie, wie Herr Speedy gerade einem Kunden seine neuen Schuhe vorführt. Und als er Lena entdeckt, winkt er fröhlich und blinzelt ihr verschmitzt zu.

Liebe Gemeinde,
die kleine Geschichte vom Schuhverkäufer hat uns gezeigt:
Was Du andern anpreisen willst, darin musst du selbst laufen. Oder, wie der Kirchenvater Augustin sagte:
„Was Du in anderen entzünden willst, das muss in Dir selbst brennen". (Augustinus). Zunächst aber die Frage:
Haben wir überhaupt etwas weiterzugeben? Was ist uns so wichtig, dass es andere auch haben sollen? Haben wir als Gemeinde etwas, was uns etwa von den Vereinen unterscheidet?
Ich staune immer wieder, welch eine Begeisterung oben auf dem Fußballplatz herrscht. Oder, wenn ich erlebe, wie sehr sich alle Welt mit

dem Fußball identifiziert. Welch eine Leidenschaft! Welch eine Begeisterung! Haben wir als Christen auch etwas oder noch etwas darüber hinaus, was uns begeistert? Was uns so begeistert, dass auf andere der Funken überspringt?
Der Apostel Paulus spricht von der Leidenschaft, die Frohe Nachricht von Jesus weiter zu tragen. Ich lese 1.Kor 9, 16+19-23:

„16 Denn dass ich das Evangelium predige, darf ich mich nicht rühmen;
denn ich muss es tun. Und wehe mir, wenn ich das Evangelium nicht
predigte! …19 Denn wiewohl ich frei bin von jedermann, habe ich doch
nicht jedermann zum Knechte gemacht, auf dass ich ihrer viele gewinne.
20 Den Juden bin ich geworden wie ein Jude, auf dass ich die Juden
gewinne. Denen, die unter dem Gesetz sind, bin ich geworden wie einer
unter dem Gesetz – wiewohl ich selbst nicht unter dem Gesetz bin , auf
dass ich die, so unter dem Gesetz sind, gewinne. 21 Denen, die ohne
Gesetz sind, bin ich wie einer ohne Gesetz geworden – wiewohl ich doch
nicht ohne Gesetz bin vor Gott, sondern bin in dem Gesetz Christi-, auf
dass ich die, so ohne Gesetz sind, gewinne. 22 Den Schwachen bin ich
ein Schwacher geworden, auf dass ich die Schwachen gewinne. Ich bin
allen alles geworden, damit ich auf alle Weise etliche rette. 23 Alles aber
tue ich um des Evangeliums willen, auf dass ich seiner teilhaftig werde.“

Liebe Gemeinde,
Paulus „muss“ die Frohe Nachricht von Jesus weitersagen. Er hat gar keine andere Wahl. Die Sache ist nicht in sein Belieben gestellt. *„Dass ich das Evangelium predige, dessen darf ich mich nicht rühmen; denn ich muss es tun.“* Warum muss er es tun? Weil er selbst etwas Grandioses erfahren hat. Etwas, was er nicht vergessen will. In der Begegnung mit dem Auferstandenen wurden ihm, dem Eiferer des

Gesetzes, die Augen für seine Verlorenheit geöffnet. Und er hat Vergebung erlangt und wurde getröstet im Versagen und aller Schwachheit. Vom Gesetz der Sünde weiß sich Paulus befreit und versetzt in den neuen Stand der Freiheit der Kinder Gottes. Der Heilige Geist hat in ihm ein Feuer für Jesus, den Messias, entfacht. Eine Leidenschaft für Jesus und eine Leidenschaft für verlorene Menschen.
Liebe Gemeinde, liebe Mitarbeiter,
ich erlebe gerade in vielen Gruppen und Kreisen unserer Gemeinde viel Klage und Frust. Das mag verschiedene Ursachen haben. Paulus fragt uns heute: Brennt in Dir (noch) das Feuer für Jesus und für die Menschen? Oder erledigst Du Deine Arbeit nur aus Pflicht oder weil Du dafür Anerkennung einheimst? Oder halten wir es gar mit denen, die sagen: „Glaube ist Privatsache“? Leidenschaft für`s Evangelium, für die beste Nachricht der Welt, damit will uns Paulus heute provozieren, herausfordern und ermutigen.

2. Wer heute in der Schule unterrichtet, der muss sich für jede Stunde ein Lernziel überlegt haben. Wer bei Paulus in die Schule geht, bekommt für seinen Dienst eine eindeutige Zielangabe. Fünfmal erscheint im Predigttext *„damit ich sie gewinne“* und PLS meint damit „damit ich sie rette“. Einen Menschen „retten“, bedeutet, ihn aus einer tödlichen Gefahr zu befreien. Mir kommen da die Bilder von der Rettung des Höhlenforschers Johann Westhauser in den Sinn. Was war das für eine aufwendige Aktion, aber auch was für eine Motivation und Leidenschaft steckte dahinter! Die Rettung wäre nicht gegangen ohne, dass Menschen bereit waren, zu dem „Verlorenen“ hinunter zu steigen - und dies unter eigener Lebensgefahr. Einer allein hätte dies niemals geschafft. Eine ganze Mannschaft, wie beim Fußball, und noch viel mehr

waren an dieser Rettungsaktion beteiligt. 700 Leute, um ein Menschenleben vor dem Tod zu retten.
Für uns heißt das, liebe Gemeinde, wir müssen auch zu den Menschen hingehen; sie am Ort ihrer Not aufsuchen, sonst erreichen wir sie nicht. Da bin ich als einzelner gefragt und da sind wir auch als Gemeinschaft von Glaubenden gefragt. Immer wieder sich aufmachen; die eigenen vier Wände verlassen – zum Nächsten hin, um ihn oder sie zu gewinnen und zu retten. Wir merken, Paulus geht es nicht darum, dass wir noch eine weitere Veranstaltung anbieten, noch mehr Event machen, noch attraktiver werden.
Paulus will uns heute einschärfen, worum es bei all unserem Tun letztlich gehen muss: Um die Rettung der Menschen vom ewigen Verderben. Ein Problem dabei kann sein, dass nicht jeder sein Verlorensein so drastisch empfindet wie der Höhlenforscher. Viele Menschen fühlen sich sehr sicher und machen sich keinen Kopf um das, was morgen oder gar nach dem Tod kommt. Und, wer vom „Verloren-sein" spricht, der schmeichelt nicht und kann keine Pluspunkte vom Gegenüber sammeln. Wie aber kann ich – biblisch gesehen - verlorenen Menschen das Evangelium so nahe bringen, dass sie es als Antwort auf ihre Nöte verstehen können? Als Antwort auf die Angst vor dem Tod?
Paulus hat es uns vorgemacht. *„Allen bin ich alles geworden, um überhaupt einige zu retten."* In beispielhafter Beweglichkeit stellt er sich auf die verschiedenen Menschen ein – auf die gelehrten Griechen, genauso wie auf streng gesetzestreue Juden, auf Frauen wie auf seine Gegner. Die Gefahr für uns besteht darin, dass wenn wir auf andere zugehen, wir unser Fähnchen nach dem Wind hängen; uns anpassen wie ein Camäleon, um bei den Menschen anzukommen. Wenn ich mit meinen Sportsfreunden zusammen bin jedes mal eine Herausforderung.

Paulus passt nicht die Botschaft an, da nimmt er kein i-Tüpfelchen davon weg, aber in den Formen und Methoden seiner missionarischen Arbeit ist er ungemein anpassungsfähig und flexibel. *„Den Juden wird er ein Jude und den Griechen ein Grieche“* – getrieben von der Leidenschaft, Menschen zum Glauben an Jesus zu führen. Was kann das für uns heißen?
Können wir z.B. einem Atheisten wie ein Atheist werden ohne selbst gottlos zu werden? Können wir ihn aufsuchen in seinem Kampf gegen einen Gott, der für ihn nichts anderes ist als ein Lückenbüßer oder ein Segner von Waffen? Können wir uns auf seine Ebene begeben und ihm einen Gott bezeugen, der sich in Jesus Christus geoffenbart hat und den Gottlosen rechtfertigt? Können wir ihn spüren lassen, dass Gott auch für uns kein Besitz ist, sondern die Begegnung mit ihm und das Vertrauen auf ihn ein unauslotbares Wunder ist.
Oder, können wir mitleiden mit der, die unter der Last ihres Lebens leidet oder nicht mehr zurechtkommt in den Strukturen dieser Gesellschaft – können wir da begleiten und mit aushalten? Und zeigen, dass Jesus gerade zu den Kranken und Verlorenen kommt!?
Das waren nur zwei von vielen Situationen, in die das Evangelium durch uns hineingehen möchte. Im Letzten und Tiefsten ist das eine Frage nach der Liebe zu den Menschen und zu Jesus.

Und noch eine letzte Frage:
Können wir solch einen Lebensstil wie Paulus ihn pflegte, nachleben?
Ich weiß von mir: Ich kann nicht „allen alles sein“. Ich brauche Euch und Sie mit der anderen Prägung und Geschichte, mit den anderen Gaben und Talenten, mit Euren Beziehungen, mit Eurer Fürbitte und Liebe. Ich brauche Euch und Sie, Junge und Alte, Männer und Frauen damit wir hier, in Nufringen noch mehr eine einladende und missionarische Ge-

meinde werden; damit es unter uns Raum gibt für noch viele andere Menschen; damit wir dem großen Auftrag nachkommen, *„möglichst viele für Christus zu gewinnen"*. Gottes guter Geist helfe uns dabei. AMEN!

Jubel über das Wort Gottes – Psalm 119,162 06.07.2014

Liebe Konfirmanden, liebe Mitfeiernde,

was war das doch für ein Jubel, was für eine Freude, als am Donnerstag Mats Hummels das Tor geschossen und damit Deutschland ins Halbfinale gebracht hat! Im Leben nicht wird er das Tor vergessen. Darauf hat er hingelebt. Das war sein Ziel, den Ball ins Netz zu bringen. Freude – wie nach der Geburt eines Kindes! Wie nach der Rettung aus bedrohlicher Situation! Das kennen wir alle: Freude ist ein wunderbares Lebensgefühl. In der Bibel taucht das Wort „Freude" ganz oft auf.

In Psalm 119 bekennt König David in Vers 162:

"Ich freue mich ...." jetzt wird es spannend. Worüber freut er sich denn?

„Ich freue mich über dein Wort wie einer, der reiche Beute macht!"

Wir können auch sagen, wie einer, der einen großen Schatz gefunden hat. Freude ist für König David also, das Wort Gottes zu haben.

Die Bibel also ein Schatz!?

Um dies zu verstehen, ist hilfreich zu wissen, dass es Zeiten gab, wo es alles andere als selbstverständlich war, eine Bibel zu besitzen. Bis etwa 100 n.Chr. gab nur die alttestamentlichen Schriften und die Geschichten von Jesus wurden weitererzählt bis sie dann in griechischer Sprache aufgeschrieben und dann im 4. Jhdt. in die lateinische Sprache übersetzt wurden. D.h. das Wort Gottes war nur wenigen Gelehrten zugänglich. Bis 1534 hat es gedauert bis zum ersten mal eine komplette Bibel in deutscher Sprache auf dem Tisch lag. Wir wissen es, Martin Luther hat sie auf der Wartburg übersetzt. Und Gutenberg hat sie gedruckt. Was muss das für eine Freude gewesen sein, endlich das Wort Gottes in der eigener Landessprache selbst lesen zu können! Doch die Sache hatte einen Haken. Diese Pergamentausgabe konnte sich kaum einer leisten. Sie hatte nämlich zur Zeit Gutenbergs den Wert eines mehrstöckigen Bürgerhauses. Eine Bibel war also ein großes Vermögen wert. Und heute? Heute ist sie bei uns für einen Schleuderpreis auf jedem Flohmarkt zu erwerben.

In manchen Ländern allerdings bezahlen Menschen heute noch einen ganzen Jahresgehalt für eine Bibel. Koste es, was es wolle, auf das Wort Gottes wollen sie nicht verzichten. Diesen Schatz müssen Menschen unbedingt haben! Warum?

Weil sie beim Zuhören, im Gottesdienst, im Unterricht gemerkt haben: Hier spricht Gott mit mir. Er spricht in mein persönliches Leben hinein. Er spricht so, dass es mich trifft und sagt mir Worte, die mir sonst kein Mensch sagen kann. Was hätte ich denn neulich sagen sollen bei der Beerdigung des kleinen Simon? Was Euch Konfirmanden sagen, das es wirklich wert ist, gehört zu werden? Etwa, dass Du Gott mehr wert bist als Thomas Müller oder Mesut Özil, mehr wert als 50 Millionen.

Ja, so mancher wird es bestätigen können, dass Gott genau in seine Situation das ganz andere Wort hineingesprochen hat. Übrigens: Das gibt es sonst in keiner Religion, dass der allmächtige und heilige Gott mit uns Menschen redet. Wir kennen die Statue. Buddha sitzt nur da, aber er redet nicht.

Die Freude am Wort Gottes kommt also nicht nur daher, dass sie einmal einen großen materiellen Wert hatte, der ist inzwischen längst dahin ist, sondern noch viel mehr daher, dass der lebendige Gott mit uns spricht. Für mich persönlich ist die Bibel deshalb das wertvollste Buch, weil es mir den Blick schärft für die Dinge, die wirklich wichtig sind, etwa:

dass ich erfahre, wie ich in dieser Welt einen festen Boden unter den Füßen und Halt finde, der vor allem auch dann noch trägt, wenn die Stürme des Lebens hereinbrechen.

Ich brauch die Bibel, weil ich beim Lesen dem begegne, der mich aus Schuld und Tod erretten kann, Jesus Christus.
Die Bibel ist für mich deshalb, das wichtigste Buch, weil ich wissen will, welcher Weg für mich gut ist und wie ich mit meinem Leben anderen dienen und dabei Gott ehren kann;
Viele von uns erinnern sich wohl noch an den von Euch Neukonfirmierten gestalteten Gottesdienst über Corrie ten Boom. Mit ihrer Familie hat sie Juden vor dem Holocaust bewahrt und musste dadurch selbst mit Vater und Schwester ins Konzentrationslager. Ihre größte Sorge war, dass man ihr ihre eingeschmuggelte Bibel abnehmen würde. Doch Gott half ihr, dass sie unbemerkt mit anderen Frauen täglich darin lesen konnte. Wie sich später rausstellte: Sie konnten deshalb ungestört in der Bibel lesen, weil Aufseher diese Baracke gemieden hatten, weil es darin von Läusen und Flöhen nur so wimmelte.

Dieses kleine Johannes-Evangelium in kyrillischer Sprache ist von einem Soldaten, der in sibirischer Kriegsgefangenschaft war. Es ist eine Spezialanfertigung – extra klein und vor allem wasserfest. Weil es in Russland streng verboten war, eine Bibel bei sich zu haben, hat der Strafgefangene sein Evangelium immer wieder unter Schnee und Eis versteckt, wie einen kostbaren Schatz, um es ja nicht hergeben zu müssen. Was für einen Wert muss die Bibel haben, wenn Menschen ihr Leben riskieren, nur um das Wort Gottes bei sich zu haben!

Liebe Konfirmanden, liebe Gemeinde,
mich beschämt das, dass Menschen bereit sind, ein Vermögen auszugeben, um eine Bibel zu bekommen. Mich beschämt, dass Menschen bis heute in vielen vom Islam geführten Ländern ihr Leben aufs Spiel setzen, lieber hundert Schläge auf nackten Körper hin-

nehmen, lieber ins Gefängnis gehen als auf ihre Bibel zu verzichten. Und wir besitzen eine Bibel und wissen kaum, was für einen Schatz wir damit haben. 69% aller Deutschen lesen nie in ihrer Bibel, geschätzte 1% sind es, die täglich darin lesen; 9% hin und wieder.
Zu welchen Bibelbesitzern gehören wir? Wenn die Bibel ein Schatz ist, dann lasst uns den doch auch heben! Wer lässt auch schon eine Schatzkiste stehen ohne sie zu öffnen? Die Bibel nützt uns nichts, wenn sie im Regal steht. Durch geschlossene Buchdeckel und durch den schönsten Einband kann weder Gott zu uns reden noch begegnen wir Jesus Christus als dem lebendigen Gott. Darum ist es so wichtig, dass wir darin lesen und aus ihr hören – zuhause alleine oder in der Gemeinschaft mit anderen.

Liebe Konfirmanden, ich und Eure Kirchengemeinde wünschen Euch mitsamt Euren Angehörigen, dass ihr Lust bekommt, den großen Schatz zu heben, der Euch heute in Form der Bibel überreicht wird; dass ihr in der Mitte der Bibel Jesus Christus begegnet und dass Gottes guter Heiliger Geist in Euch und in uns allen so wirkt, dass auch wir sagen können: *„Ich freue mich über dein Wort wie einer, der einen großen Schatz gefunden hat!“* so soll es sein! AMEN!

Der etwas andere Lebensstil - Röm 12,17-21 13.07.2014

Liebe von Christus geliebte Gemeinde,
letzten Sonntag hörten wir, dass die Bibel, das Wort Gottes, ein Schatz ist, den man unbedingt haben und auspacken muss. Heute sollen wir einen Schritt weiter geführt werden. Der Apostel Paulus zeigt uns Konsequenzen auf, die das Bibellesen und der Glaube an Jesus haben soll. Erschrecken wir nicht. Paulus gibt sieben Ermahnungen bzw. Weisungen, aber brandaktuell. Ich lese aus Röm 12, 17-21:

„17 Vergeltet niemand Böses mit Bösem. Befleißigt euch der Ehrbarkeit gegenüber jedermann. 18 ist es möglich, soviel an euch ist, so habt mit allen Menschen Frieden. 19 Rächet euch selber nicht, meine Lieben, sondern gebet Raum dem Zorn Gottes; denn es steht geschrieben (5.Mose 32,35): „Die Rache ist mein; ich will vergelten, spricht der Herr:" 20 Vielmehr, „wenn deinen Feind hungert, so speise ihn; dürstet ihn, so tränke ihn. Wenn du das tust, so wirst du feurige Kohlen auf sein Haupt sammeln" (Spr.25,21.22). 21 Lass dich nicht vom Bösen überwinden, sondern überwinde das Böse mit Gutem."

Vor 100 Jahren haben Mitglieder einer Studentenorganisation Ende Juni den Thronfolger von Österreich–Ungarn in Sarajewo ermordet. Sofort forderten Militärs und Politiker Vergeltung und planten einen Militärschlag gegen Serbien. Innerhalb weniger Tage entwickelt sich das Ganze zum ersten Weltkrieg, zur Urkatastrophe des 20.Jahrhunderts. Bis heute sind es immer wieder die gleichen Mechanismen, die Unheil provozieren und produzieren.
Drei Thoraschüler werden in Israel entführt und ermordet. Es gibt Rachegedanken. Bomben fallen. Es werden Bodentruppen eingesetzt. Eine

Eskalation von Gewalt. Viele unschuldige Opfer. Opfer des Bösen. Und dieser Mechanismus wiederholt sich täglich – auch in unserem Umfeld: Einer fängt an: ein böser Blick, ein unbedachtes Wort, ein unüberlegtes Tun und schon fühlt sich einer provoziert, gedemütigt, gekränkt. „Das lasse ich nicht auf mir sitzen. Wie du mir – so ich dir!" Die Kettenreaktion des Bösen nimmt ihren Lauf. Und eines ist sicher: Wenn Böses mit Bösem vergolten wird, dann gibt es nur Verlierer. Dann verlieren Opfer und Täter.

Liebe Gemeinde, es ist gut zu wissen, dass Paulus bei dieser Fülle an Weisungen nicht nur an bessere Beziehungen denkt; an das, was von ihm und uns erwartet wird. Zuerst sieht er sein ganzes Leben, auch seinen Alltag mit all seinen Problemen im Licht seines Glaubens an Jesus Christus. Und das, so sagt er, muss einen Unterschied machen.

Das muss Auswirkungen haben, wenn es ums Erben geht; wenn der Geschäftskollege immer wieder herumstichelt; wenn der Nachbar so unfreundlich ist; wenn der Klassenkamerad so oft provoziert und verletzt? Den Unterschied machen – wenn es nur so einfach wäre! .....

Das wird möglich auf dem Hintergrund dessen, was Jesus in diese Welt gebracht hat:

Er hat Menschen geliebt und angenommen, obwohl sie nicht den Normen Gottes entsprechen:

Im Umgang mit dem Betrüger Zachäus oder mit der Ehebrecherin hat Jesus gezeigt, wie es zugeht, wenn ein Mensch durch Gottes unverdient gnädige Zuwendung zum Glauben an Jesus Christus geführt wird.

Oder denken wir an die Szene im Garten Gethsemane, als Petrus in guter Absicht dem Knecht des Hohen-priesters das Ohr abgeschlagen hat. Aber Jesus? Er heilte den Knecht und sagte zu Petrus: „Steck dein Schwert wieder zurück an seinen Platz!"

Und als Jesus am Kreuz hing und ausgelacht und verspottet wurde, da hat er nicht mit bösen Worten reagiert. Er hat gesagt: „Vater vergib ihnen, denn sie wissen nicht, was sie tun!" Jesus hat den Teufelskreis des Bösen durchbrochen.

Ein paar Jahre später, so wissen wir, hat auch Paulus vor Damaskus eine totale Umkehr und Veränderung erlebt, so dass er sagen kann: „Nun, wir denn sind gerecht geworden durch den Glauben, so haben wir Frieden mit Gott durch unseren Herrn Jesus Christus" (Röm 5,1).

Diesen Frieden mit Gott erhalten wir, liebe Gemeinde, wenn wir Gott ranlassen, unser Leben umzubauen. Ich denke da ein altes Haus, das umgebaut wird. Äußerlich sieht man da vielleicht gar nicht viel. Aber im Innern erkennt man es kaum wieder. Da wurden Trennwände niedergerissen und der Boden und die Decke erneuert und manches mehr.

So kann Gott auch unser Leben umgestalten. Und, wenn dann einer an Jesus Christus glaubt, wenn jemand davon lebt, dass Jesus am Kreuz uns Menschen mit Gott versöhnt hat, dann sollen andere das merken. Denn wir sind zu einem neuen Lebensstil berufen. Paulus nennt zwei Schwerpunkte, die zu diesem neuen Lebensstil gehören.

<u>1.Christen sind zur Vergebung bereit</u>

„Vergeltet nicht Böses mit Bösem!" Die Geschichte – angefangen von Kain und Abel, über Joseph bis zum Ersten Weltkrieg und den Konflikten im Nahen Osten zeigt: Wo auf Böses mit Bösem reagiert wird, wo das Prinzip „Auge um Auge, Zahn um Zahn" ausgeübt wird, da wird das Böse immer noch schlimmer und gewinnt die Oberhand. Und in diesen Kreislauf des Bösen hinein sagt Paulus: „Ihr Menschen, die ihr in eurem Leben die befreiende Macht Jesu Christi erfahren habt, ihr dürft aus diesem Kreislauf des Bösen und der Vergeltung aussteigen. Ihr braucht nicht gleich aufbrausen, wenn euch einer in der S-Bahn auf die Zehen

getreten hat. Ihr braucht nicht gleich eine patzige Antwort geben, wenn euch am Montagmorgen ein Kollege dumm daher kommt.
Ihr braucht weder auf den Tisch schlagen noch euch beleidigt zurückziehen, wenn euch jemand verletzt oder Unrecht getan hat. Selbstmitleid und Beleidigtsein stehen Christen sowieso nicht gut. Ihr seid durch Christus berufen und befreit, einen anderen Lebensstil in dieser Welt zu praktizieren, den Weg der Barmherzigkeit und Vergebung. Barmherzigkeit und Vergebung – das ist die Zugabe, dass die Beziehung hält!
Ein Kollege erzählte mir einmal von einer Familie in seiner Gemeinde, die ihm das Leben schwer machte durch übles und böses Geschwätz. Da fing er an, abends immer wieder einen Spaziergang um das Haus zu machen und dabei für die Familie zu beten. Solches Verhalten hat etwas mit der Aufforderung Jesu zu tun: „Segnet, die euch fluchen", sprecht gute Gedanken, Gedanken Gottes, über die Menschen aus, die euch das Leben schwer machen. Oder, wie es im Predigttext heißt: *„Sammelt feurige Kohlen auf sein Haupt!"* Lasst ihm etwas Gutes zuteil werden, das er niemals verdient noch erwartet hat."

2.Christen sind zum Frieden bereit

„So viel an euch ist, so habt mit allen Menschen Frieden!" Mit dem Frieden ist es wie mit der Vergebung. Sie wirken beide von innen nach außen. Die Voraussetzung für den Frieden mit den Menschen ist der Friede mit Gott. Wer in seinem Herzen Groll und Neid, Missgunst und Hass hegt, wird es mit seinen Mitmenschen schwer haben. Wer aber von der Liebe Gottes zu uns Menschen erfüllt ist, dem traut Paulus zu, dass er nicht nur selbst in Frieden lebt, sondern dass er auch zum Friedensstifter wird. Heiko Krimmer erzählte diese wahre Geschichte:
Da ging es um das Erben. Fünf Geschwister. Es bahnte sich ein Erbstreit an. Da sagte einer: „Wisst ihr was: Ich habe genug. Mir reicht, was ich

habe zum Leben. Ich mache einen Vorschlag. Ich verzichte auf meinen Erbteil, wenn wir dann untereinander Frieden halten!"
Die andern haben sich gefreut. Jeder 20 000 Euro mehr. Tatsächlich, der Friede wurde dadurch gewahrt, dass einer dem Bösen Gutes entgegengesetzt hat. *„Lass dich nicht vom Bösen überwinden, sondern überwinde das Böse mit Gutem!"*
Ihr Konfirmanden, überlegt euch mal, wie ihr Böses mit Gutem überwinden könnt?
Nicht immer gelingt das so wie hier beim Erben. Paulus weiß das auch. Darum sagt er: *„So viel an euch ist, so habt mit allen Menschen Frieden!"*
Zum Frieden braucht es immer zwei Seiten. Wenn mein Gegenüber die ausgestreckte Hand zur Versöhnung verweigert, wenn es keine Kompromissbereitschaft gibt, wenn eine Seite allein die Bedingungen diktieren will, wenn das Böse die Oberhand gewinnt, dann ist Friede unmöglich.
Liebe Gemeinde, es wird uns trotz bester Absicht nicht immer gelingen, diesen neuen Lebensstil 1:1 umzusetzen. Wir werden immer wieder scheitern. Und bleiben so selbst abhängig von der Gnade und dem Erbarmen Gottes. Trotzdem ist es wichtig, dass wir diesen Lebensstil wagen; dass wir nicht aufgeben, nicht resignieren, immer wieder von Neuem einander vergeben und den Frieden suchen. *„Ist es möglich, so viel an euch ist, so habt mit allen Menschen Frieden."*
Nachher schon, gibt es eine neue Chance - am Mittagstisch, morgen in der Schule und am Arbeitsplatz, nächste Woche beim Notar, beim Gespräch mit der Nachbarin, mit dem Verwandten,......Wir dürfen und sollen den Teufelskreis des Bösen durchbrechen und uns in die Kettenreaktion des Guten einreihen, die Jesus ausgelöst hat. Er hilft uns dabei AMEN!

Lebendige Steine sind nicht tot -1.Petr.2,2-10 27.07.2014

Meditation über den „Stein“

Viele von uns werden bald in Urlaub fahren. Als ich Kind war, habe ich am Meer gerne Steine gesammelt. Steine faszinieren mich bis heute; weil sie so unterschiedlich sind – der Form nach, der Größe nach und der Farben nach. Steine faszinieren mich, weil ich mir vorstelle, was sie uns alles erzählen würden, wenn sie reden könnten. Ein Versuch:

1.Gewöhnlicher Stein

Am Wegesrand habe ich ihn aufgelesen.
Millionen Jahre alt ist er.
Irgendwann ist er aus einem großen Felsen herausgebrochen.
Das Eis hat ihn über Land geschoben.
Das Wasser hat seine Kanten abgeschliffen.
Erde hat ihn bedeckt und
irgendwann hat ihn ein Pflug vielleicht wieder nach oben gebracht.
Ich ahne:
Meine Hände umschließen Millionen von Jahren, eine lange Geschichte.

2.Bild von einem monumentalen Stein

Es gibt Steine – so groß -, dass sie niemand tragen kann.
Manche sind vom Himmel gefallen,
andere sind Überbleibsel riesiger Massive,
machtvolle Boten der Vergangenheit.
Die Israeliten haben Steine aufgerichtet,
Altäre aus Steinen aufgerichtet, um heilige Stätten zu markieren;
um Nachkommen daran zu erinnern,
hier gab es eine Gotteserfahrung.

3. Kleiner Kieselstein

Ein ziemlich kleiner Stein aus Davids Hirtentasche.
Er kann tödliche Waffe sein…gegen Wölfe und sogar gegen Menschen.
Ein Stein aus Davids Hirtentasche hat Israel im Kampf gegen den Philister Goliath zur Großmacht werden lassen.
Solche einen Stein könnte ich auch immer wieder mal gebrauchen.

4.Bild von Klagemauer inJerusalem

Mit solch riesigen Steinen hat Salomo in Jerusalem
einen Tempel zur Ehre Gottes gebaut.
Jetzt ist davon nur noch eine Mauer übrig geblieben –
die Klagemauer für die Juden.
Gott ist immer noch dort gegenwärtig und hört an diesen Steinen
das Klagen und Rufen, Singen und Loben der Frommen.
Gottes Macht und Herrlichkeit kann niemand zerstören.

5. Eine Hand voll Steine

Mit diesen Steinen sollte sie getötet werden –
von denen, die sich genau auskannten in den Gesetzen.
Den Tod hätte sie verdient,
die gerechte Strafe für ihren Ehebruch.
Jesus aber sah die Ankläger an.
Sie verstummten, als er zu ihnen sagte:
„Wer von euch ohne Schuld ist, der werfe den ersten Stein."
Darüber freuen wir Steine uns heute noch,
dass wir nicht geworfen wurden.
Wir dienen viel lieber dem Leben
als ein Werkzeug des Todes zu werden.

6. Bild vom steinigen Weg

Manchmal liegen wir Steine regelrecht im Weg.
Manchmal werden wir zum Stolperstein –
manchmal schon lange Zeit und
viele sind schon auf steinigem Weg gegangen.
Manchmal aber liegen wir nur lose auf dem Weg
und warten darauf, dass wir weggetragen werden.

7.Bild vom Stein vor Jesu Grab

So ähnlich sah der Stein aus,
der das Grab Jesu verschlossen hat.
Aber dann ist der Stein ins Rollen gekommen
und damit auch die Botschaft:
Jesus ist stärker als der Tod. Jesus lebt!
Diese Botschaft geht weiter von einem Land zum andern
und von einer Generation zur nächsten.
Und sie ist immer noch unterwegs durch Raum und Zeit.

8.Bild vom Schlussstein in der Nufringer Kirche

Das ist der Schlussstein vom Gewölbe hier,
in unserer Nufringer Kirche.
Wenn wir fragen: Auf welches Ziel geht unsere Welt zu?
Dann ist in alten Kirchen abzulesen:
Alle Steine, alle Streben, laufen hoch oben auf ein Zentrum zu.
Ein Schlussstein hält das Gewölbe zusammen und vollendet den Bau.
Die alten Baumeister wussten,
dass es letztlich Jesus Christus sein wird,
der dieses Haus und diese Welt
einmal an ihr Ziel bringen und vollenden wird.

Liebe Gemeinde,
die Konfirmanden haben uns gezeigt, Steine sind mehr als nur harte, tote Materie. Sie erzählen uralte Geschichten und halten die Erinnerung lebendig. Am besten kennen wir Steine als Baumaterial. Aus vielen Steinen wird ein Haus. Aus vielen Steinen ist auch unsere Kirche geworden. Und schon mehr als 800 Jahre lang hat sie – einem Wunder gleich - unbeschadet vielen Kriegen und Stürmen standgehalten. Unsere Kirche, der Mittelpunkt unseres Dorfes mit dem Turm, der wie ein Zeigefinger nach oben weist, um uns an den zu erinnern, dem wir unser Leben verdanken und der uns einlädt, zu ihm zu kommen.
Der Predigttext will uns heute sagen, dass unsere Kirche – aus Steinen erbaut - auch ein Gleichnis für eine geistliche Wahrheit ist. Ich lese aus <u>1.Petrus 2, 4-10:</u>

„4 Zu ihm kommt als zu dem lebendigen Stein, der von den Menschen verworfen ist, aber bei Gott ist er auserwählt und köstlich. 5 Und bauet auch ihr euch als lebendige Steine zum geistlichen Hause und zur heiligen Priesterschaft, zu opfern geistliche Opfer, die Gott angenehm sind durch Jesus Christus. 6 Darum steht in der Schrift (Jes 28,16): „Siehe da, ich lege einen auserwählten, köstlichen Eckstein in Zion; und wer an ihn glaubt, der soll nicht zuschanden werden.“ 7 Euch nun, die ihr glaubet, ist er köstlich; den Ungläubigen aber ist „der Stein, den die Bauleute verworfen haben, der zum Eckstein geworden ist, 8 ein Stein des Anstoßes und ein Fels des Ärgernisses“ (Ps 118,22; Jes 8,14); denn sie stoßen sich, weil sie an das Wort nicht glauben, wozu sie auch verordnet sind. 9 Ihr aber seid das auserwählte Geschlecht, das königliche Priestertum, das heilige Volk, das Volk des Eigentums, dass ihr verkündigen sollt die Wohltaten des, der euch berufen hat von der Finsternis zu seinem wunderbaren Licht.“

Liebe Gemeinde,
das Erste, was ich entdeckt habe, ist die gute Nachricht:
Gottes Haus steht auf festem Grund. Denn, so heißt es gleich zu Beginn *"Kommt zu Jesus. Er ist der lebendige Stein, den die Menschen als unbrauchbar weggeworfen haben; aber bei Gott ist er ausgesucht und wertvoll!"* Für mich ist das immer wieder tröstlich und hoffnungsvoll zugleich. Es gäbe so viel zu jammern und zu beklagen in unserer Kirche. Aber, liebe Gemeinde, wer von Kirche reden will, der muss zuerst von Christus reden und dann erst von den Gruppen, Kreisen und Mitarbeitern. In allen Bildern der Bibel, die von der Kirche sprechen, kommt Jesus Christus die entscheidende und zentrale Funktion zu:
Beim Leib ist er das Haupt
bei der Herde der Hirte,
bei den Jüngern der Meister,
bei den Reben der Weinstock.
Und beim Haus ist er nicht nur ein tragender Stein,
sondern der Grundstein. Ihn hat Gott zur Grundlage der Gemeinde gemacht. D.h. das, was Jesus aus Liebe für uns getan und erwirkt hat, soll unser Tun bestimmen; das, was er gesagt hat, soll unsere Verkündigung bestimmen; von seiner Liebe bewegt sollen wir anderen dienen.
Auf dem ehemaligen Steinbruch vor Jerusalem hat Jesus am Kreuz hängend durchgehalten. Er ist nicht durch den Tod zerschmettert, sondern vom Tod auferweckt worden und ist so zum tragenden Eckstein der Gemeinde geworden. Allerdings fordert er bis heute zur Stellungnahme heraus. Für die einen wird er zum Felsen und zum Heil. Für andere zum Müll und zum Ärgernis. Alles aber, so sagt es die Schrift, was nicht auf dem Felsen Jesus Christus gebaut und von ihm gehalten

ist, zerbricht in den Stürmen der Zeit und zerbröselt unter den Einflüssen der Umwelt – so wie der Putz an der Westfassade unserer Kirche. *„Einen andern Grund kann niemand legen außer dem, der gelegt ist – Jesus Christus. Zu ihm kommt, zum lebendigen Grundstein!“*
Wie gut, dass ich Euch Konfirmanden bei allen Einladungen zu Jesus einladen kann. Deshalb gut, weil ich von ihm weiß, dass es in seiner Nähe nur gut ist. Dass er hält, was er in seinem Wort verspricht und dass er trägt, wenn in Dir und um Dich herum alles wackelt.

Zweitens,
nachdem der Grundstein gelegt ist, wird Gottes Haus gebaut aus lebendigen Steinen. *„Lasst euch selbst als lebendige Steine zu einem geistigen Haus erbauen!“* Gott will noch mehr, als dass ihr Konfirmanden unsere Kirche und unsere Gottesdienste kennen lernt. *Gott möchte, dass ihr selbst Teil dieser Kirche werdet. „Lebendige Steine*“ sollen wir alle werden. „Lebendig“ werden wir dann, wenn Gottes Geist uns bewegt und erneuert, so dass wir erkennen, welch ein Glück es ist, zu Gott zu gehören und ihm zu dienen.
Was für ein Stein in unserer Kirche sind wohl Sie oder möchtet ihr sein? Vielleicht ein stabiler Felsblock, ein massiver Quader, den so schnell nichts umhauen kann, ein wahrer Fels in der Brandung, auch wenn die Stürme ums Haus toben?
Oder ein kleinerer, schiefer, etwas wackliger Stein, der von den anderen mitgehalten und gestützt wird, aber dafür der gesamten Mauer das besondere Aussehen gibt, das sie von anderen unterscheidet?
Oder wären Sie so ein mittelgroßer Stein, durchschnittlich in Größe, Form und Farbe, der für gleichmäßige Stabilität sorgt und Struktur gibt? Oder ein Schmuckstein, der ganz nach oben kommt?

Vielleicht auch nur so ein kleines Steinchen, das gerade noch in der Fugenritze gefehlt hat, unscheinbar und doch unentbehrlich!?
Erst aus allen Steinen zusammen, erst im Verbund mit anderen, als Teil eines größeren Ganzen erfüllt ein Baustein seinen Zweck und bekommt seine ganz besondere Schönheit, die gerade durch diese Verschiedenheit entsteht. Mit einem Haus mit solchem Mauerwerk vergleicht der Petrusbrief die christliche Gemeinde. Keiner muss allein alles ausrichten. Keiner muss alles können. Keiner alles tragen. Aber gemeinsam, zusammen mit vielen anderen, ist jeder, der den Namen „Christ“ trägt, wichtig in der Gemeinde, damit Gott gelobt wird, damit andere in der Fürbitte vor Gott gebracht werden, damit die Frohe Botschaft von Jesus noch viele Menschen in Nufringen hören.

Wer durch das Westportal unsere Kirche betreten hat, der ist durch eine Baustelle gegangen. Normaler Weise sind Baustellen mit einem Schild versehen „Baustelle – Betreten verboten!“ Bei der Baustelle der Kirche Jesu Christi, bei dem geistlichen Haus Gottes ist es gerade umgekehrt.
Hier sind wir zum Betreten ausdrücklich eingeladen. Hier sollen wir erfahren, dass Gott uns aus der Finsternis in sein wunderbares Licht führt und dass wer an ihn glaubt, nicht zugrunde geht. Und Gott hat uns dazu bestimmt, dass wir uns einfügen lassen als lebendige Steine in das Haus, in dem ER zuhause und Jesus Christus der alles entscheidende Grund- und Eckstein ist. AMEN!

Bibelstellenverzeichnis

5.Mose 8,14

1.Kön 19,1-8

Ps 73,28

Ps 119,162

Jes 40,26-31

Jes 53,1-7

Lk 17,5-6

Joh 12,20-26

Röm 8,26-29

Röm 12,17-21

1.Kor 9,16+19-23

1.Kor 15,20-26

Gal 4,4

1.Petr 2,2-10

Hebr 11,8-10

Hebr 12,1-3

Hebr 13,8+9

Hebr 13,14

Offbg 15,2-4

Printed by Books on Demand GmbH, Norderstedt / Germany